民主，練習中

廖郁賢・傅銘偉・郭稟・Savungaz Valincinan・Yuli Ciwas・曾柏瑜・林亮君・童智偉・王雲祥・瞿筱葳・劉宇廷

在行動現場追尋民主。
從太陽花到青鳥，
在現場的人，

前言

I 現場（之中）

II 現場（之內）

III 現場（之間）

後記

一次談話：第三勢力的可能性

——矢板明夫

奇蹟般地，台灣和中國關係的一次轉向

我在二〇二〇年來到台灣，而二〇一四年太陽花學運爆發的時候，我在北京，擔任日本《產經新聞》中國總局的記者，我採訪的路線主要是中國議題，也兼及台灣。太陽花學運給我乃至於全世界的印象，就是台灣的政府太親中，中國與台灣越走越近，好像馬上就要統合。當時全世界看到的中國，就是一個獨裁國家，不停地對外膨脹，到了二〇一四年，習近平提出他所謂的「中國夢」，推出「中華民族的偉大復興」這類煽動性的民族主義口號。那個時候，台灣表現出親中的態度，對全世界來說，並不是好兆頭：美國向來是國際秩序的維持者，中國作為挑戰者站出來，還加上一個台灣，對於民主自由陣營，這是很大的威脅。

從台灣內部來看，太陽花學運的成功有個重要原因，是正好碰到國民黨內部矛盾，尤其是馬英九與王金平的馬王之爭，種種因素湊在一起，太陽花學運竟然奇蹟般地產生了巨大的影響，扭轉台灣和中國的關係。太陽花學運之後不久，台灣出現了以第三勢力為號召的新政黨——時代力量，讓大家眼睛一亮，在緊接著的兩次選舉中，得到很多選民支持。但是，就我從外部觀點來看，台灣最重要的問題還是統獨：要不要跟中國走在一起，這是個不能閃避的問題。在兩岸方面的訴求，時代力量基本上和民進黨非常相似，我的觀察重點在於，這兩個政黨的立

場到底有什麼不一樣；結果正如所預想像的，並沒有特別不同之處。時代力量成立沒幾年就慢慢消失，也就不讓人意外。

從全世界的政黨政治來看，這樣的發展並不令人意外，一個國家會不會有兩個主要政黨，或者，兩大政黨之外，第三勢力如何成形？這主要得要看選舉制度怎麼設計。以台灣的立法委員選舉制度來看，一個小選舉區基本上只能有一人當選，第三勢力是沒有空間的。在很多國家，這點已經被證明過了；以美國為例，至少在近一百年，先後有人嘗試成為第三勢力，但每次都折戟沉沙。

在台灣，一九九三年，趙少康帶頭反對李登輝，從中國國民黨分裂出去後成立新黨；李登輝二〇〇〇年結束總統任期，隔年退出國民黨，成立台灣團結聯盟；宋楚瑜則在二〇〇〇年脫離國民黨，成立親民黨。他們的政治訴求並不一樣，卻都想充當第三勢力的角色。太陽花學運之後成立的時代力量，乃至於規模更小的社民黨、基進黨等等政黨，以及再後來成立的台灣民眾黨，都沒有撐起第三勢力這樣的角色。除了選舉制度不利於小黨發展，台灣還有一個大是大非的問題必須面對：究竟要統還是要獨？這是個非此即彼的問題，沒有不做選擇的空間。

在這種狀況之下，台灣並沒有第三勢力存在的空間，如果是統派，主張和中國統一的政黨，最後一定會被歸為國民黨和泛國民黨；主張台灣本土價值的政黨，將來一定會歸到泛獨立派、泛民進黨的光環裡，這是台灣政治的一種宿命論。

現在二十多歲的台灣年輕人，對政治感興趣的時候，早已是民進黨執政，年輕人永遠是反叛的，當他們反對政府的某些政策，他們所認識的執政黨就是民進黨；過去國民黨政府執政時的「惡行」，他們並沒有親身經歷過。這些年輕人對自己生活中的各種不愉快、不順心，如果要追究，當然是執政黨的責任，要他們全心支持執政黨是很困難的。但是，身為最大在野黨的國民黨，又是一個在國家認同、大是大非的立場上不清楚的政黨，讓人擔心這個黨可能把台灣出賣給中國，徹底改變台灣人民的生存方式。

這樣的時間點上，有人跳出來說，我們既不是國民黨，也不是民進黨，我們是白色力量！這就是柯文哲成立政黨之後喊的口號。民眾黨主張台灣要自主，兩岸要和平，這其實是個互相矛盾的口號，但乍聽很響亮，非常能抓住年輕人的注意力；實際上，再往下走幾步，我們就會發現這條路其實是走不通的：台灣要自主，但是中國就是不讓台灣這麼做，如果台灣要選擇自主的道路，兩岸關係注定會鬧僵，不可能和平。提出這樣矛盾主張的第三勢力，即使能引發一時旋風，卻無法長久存在。

在不正常國家狀態中，政治局面的難解之結

民進黨有很多的問題、執政和歷史包袱，大家可以選擇在體制面改革；國民黨也有很多問題，其中最主要的是與中國糾纏不清，不喜歡民進黨的人，可以加入國民黨，在裡面進行改革，把中國國民黨改革成台灣國民黨，讓這個老式政黨本土化也是一種方式。如果熱愛台灣這片土地，想做點什麼，在政治上實現自己的理想，並不見得非要走第三勢力這條路。

另一方面，台灣是否一定需要第三勢力？從事實面來看，現在的選舉已經沒有多少第三勢力的空間了，若非民進黨禮讓，代表時代力量的林昶佐、洪慈庸應該很難選上立法委員。也就是說，小黨必須選邊站，很難自成一股勢力，和兩黨三足鼎立。

成立一個年輕、本土的新政黨，在政治光譜上徹底擠壓掉國民黨，恐怕不是件容易的事。有人說，黃國昌可能想這樣做；雖然爭議多，但黃國昌一時還很有人氣，至少有一定的支持率，會得到新的支持者，這是必然發生

的現象。他還有能力聚集年輕的、本土的、對民進黨不滿的人，把國民黨的板塊擠壓到最小，尤其中國的經濟如果逐漸垮下去，沒有那麼多資源可以投注到對台灣的統戰，台灣的親中勢力會弱化，這個時候，另外一個勢力起來也是可能之事。

因為國民黨這塊招牌沒有對自己加分，很多人可能就會在國民黨內部有所改變。二〇二四年上半年，立法院通過許多擴權法案，還有一些亂七八糟的親中提案，阻擋年度預算，刪除潛艦預算等等作為，造成國政窒礙難行，我不認為這是國民黨立委的共識。很多國民黨的區域立委只是被綁架，或是被某些資源牽制住了。如果外來的資源減少，她／他們可能就會用自己的意志投票了。

在二〇二四年的台灣，製造潛艦應該是社會共識，應該撥付充足的預算，國民黨硬要阻擋，一定會遭到民意反挫的後果。大家都知道，台灣是處境非常危險的國家，自己造潛艦，未必是因為潛艦有多大軍事用處，而是向國際社會宣示台灣願意挹注經費，捍衛自身主權和生活方式，這是讓國際社會願意幫助台灣的前提之一。

台灣現在期待，有事的話美國會幫忙，日本會幫忙，卻連潛艦預算都捨不得編列——問題是台灣並非缺乏經費，只是說潛艦太浪費，所以不肯投入預算，怎麼讓其他國家願意幫忙？我在臉書上發過一篇文章，說國民黨有立委提案，廿歲以下的年輕人不能夠參加任何民防組織，不能做後方支援。但是我剛來台灣沒多久，國民黨就在立法院提出決議文，敦促美國政府出兵協防台灣，並且全票通過。讓美國人協防台灣，廿歲以下的台灣年輕人卻連後方支援都不可以，道理上完全說不過去。

美國人十七歲就可以當兵，他們的年輕人不也是父母親的心肝寶貝，讓美國人來台灣海峽捍衛台灣的主權，流血犧牲，國民黨卻在研議法案，讓年輕人不能夠接受民防訓練，法案通過的話，全世界都不會來幫忙台灣。任何正常、有理智的人，都不可能同意這樣的做法，我管這個法案叫「別人的小孩死不完」法案，讓別人的小孩去送死，自己的小孩不上戰場，這個講不通。這些法案絕對是有人授意，謀害台灣。

目前立法院的在野黨人數比較多，[1]出現這類法案時，執政黨並無力扭轉。下一次選舉，應該會反映出選民受不了這樣的狀況。下一次立委選舉要到二〇二八年，這類充斥巨嬰心態的法案還會一直被提出甚至通過，所以這個時候，比較有本土意識的年輕人並不可能加入國民黨，說自己要去改革，因為國民黨處於一種很奇怪的狀態，像是一團爛泥，絲毫無法讓人乾乾淨淨地進到裡面去使力。在這個時間點上，特別是習近平已開始第三個任期，中國軍機天天越過海峽中線，台灣的第三勢力就更沒有空間了，這是沒有辦法的事情，並不表示將來永遠沒有。

關心政治的話，年輕人堅持自己的理念，在政治路上一直走下去，這是很重要的。在台灣，政治人物非常非常受重視，當一個政治人物，是非常有成就感的事情；相較於在日本和歐美的民主國家，政治人物往往被看做和一般人一樣，並沒有特別被尊敬、推崇，從政只是一份工作，和大家一樣過生活。社會發展得很成熟之後，政治人物能發揮的地方就非常少了。但是在台灣，從政能做的事情還非常非常多，因此政治人物特別受重視，被期待她／他可以實踐理想和抱負，發揮影響力。

所謂第三勢力與民進黨不同之處，往往指的是內政方面的政策，如同自己的住家要裝修成歐式或中式，大家可以坐下來討論。但是，目前的情勢是房子失火了，所有人得先趕緊救火，裝修的討論必須先擱置。今後五到十年是台灣的關鍵時刻，台灣能否自立自強、得到國際社會支援，會否被中國滲透，這些是這段期間最重要的課題，也顯示接下來的幾年，第三勢力的發展並不是重要議題，沒有太大的空間。

回過頭來說，二〇一四年之後，太陽花世代的年輕人抱著發展第三勢力的理想去努力，並沒有白費力氣，許多人在新興政黨中轉了幾年，還是選擇加入民進黨，在民進黨內尋找空間，這也是一條出路。政黨選擇不見得非要民進黨不可——在自己的選區裡，社民黨的苗博雅也經營出一番局面。新加入民進黨的年輕人，很可能無法在黨內初選出線，因為民進黨也有嚴重的制度疲勞，比方台北的林亮君，她／他們可以經營議員的選區，但說到立委，因為每區單一名額，要過黨內初選這關就很困難。因為原來的候選人出了事退選，黃捷才能臨危受命並且當選。其他像是吳崢、曾玟學、曾柏瑜這幾個年輕人，基本都是在極艱困的選區，才有機會代表民進黨參選立委。

年輕的政治人物必須跟著台灣的本土力量走，如果夠強大，即使是在縣市議員的職位上，還是有發揮空間。到了立法委員的層級，基本上就是二選一，沒有所謂第三勢力的選項。如果打著本土派第二選擇的名號參選，選民會認為她／他是來分本土派的票，害本土派落選。以苗博雅為例，聲勢那麼好，在大安區這個深藍立委選區裡，還是打不過國民黨的候選人；話說回來，如果民進黨在大安區夠強，絕對不會禮讓苗博雅這樣非民進黨的本土派候選人。市長選戰的邏輯也是如此，這是政治結構上解不開的結。

思考民眾黨作為第三勢力之現象

過去十年來，在追求第三勢力的過程中，民眾黨占了很大的優勢，而今民眾黨徹底迷失了方向，很多人都跳船了，留下來的，政治生命基本走到盡頭了，這是一件很可惜的事情。柯文哲發揮的作用其實相當重要，他是很多小草的政治寄託，很可惜在金錢上面出的問題太大了，問題爆發以後的應對也進退失據，使得民眾黨沒有辦法從內部推動進化的過程，只能跟著柯文哲一起沉下去。黃國昌也許能趁這個機會跳下船，帶出一個局面，但是，

1．訪談於二〇二四年十二月進行，立法院席次：國民黨五十二席、民進黨五十一席、民眾黨八席、無黨籍二席。

說他能做多大，我也並不期待，畢竟他個人的歷史包袱太大，立場轉變太快，原來崛起的基礎就崩塌了。

現在有一群選民，誰修理民進黨就支持誰，過去的韓粉，後來的柯粉，基本上重複的比例很大。幾年前最知名的韓粉，後來都公開挺柯文哲，他們對民進黨充滿仇恨，誰下手最狠，說話最有說服力，他們就支持誰。所以說，民眾黨本來可以是制衡民進黨的力量，至少在政壇上有一片天，但是它也長不大，因為民眾黨在兩岸論述上大都態度迴避，而迴避這個議題，就沒有發展空間。

民眾黨在二〇二四年總統大選得到三百六十九萬票，這是個很大的數字，代表相當大一批人對執政黨有很大的不滿，或是說對政治有一種天真的期待。民眾黨垮台之後，這些人有一部分可能會回到本土的陣營，但是很多人也許就回不去了，可能對政治失望，或者尋找新的第三勢力，但總體來說，這三百六十九萬票應該不會發生板塊式轉移的現象，而是慢慢消失。

更進一步理解民眾黨的問題，其中之一可能在於台灣社會太習慣崇拜政治人物，喜歡造神，這個習慣主要受到儒家思想影響，台灣人對於政治人物的道德要求很誇張，希望政治人物是一個完人、道德的典範。其實政治人物應該要懂得分配資源，理解優先順序，這樣的能力與道德沒有直接關係，她／他有一個正常人基本的道德操守，應該就可以了。

造神的情況在日本很少見，基本上沒有日本人會把政治人物當成神，其實政治人物比較像是大樓管理員，只要把環境衛生處理好，把各項事務管理好，不要貪圖住戶繳交的管理費，基本上就可以了，她／他有沒有婚外情這類問題並不重要，別鬧太大就好。對管理員道德上的要求一般來說沒什麼，就是平常心看待，對於政治人物也應該如此，不需要期待過高。日本人對政治人物就沒有台灣人這樣的期望，像是首相石破茂，大家天天說他吃相難看什麼的，也是說說罷了。

日本雖然也深受儒家思想影響，但在近代有過徹底的西化；日幣一萬元紙鈔上面的福澤諭吉，就是引進西方思潮的重要人物，他在一百五十年前寫下《勸學》[2]，主張日本要脫離亞洲的惡友，多與歐洲的國家接觸，徹底拋除奴役人的思想。福澤諭吉創辦了慶應義塾，後來成為慶應義塾大學，我就是從這所大學畢業的。慶應大學的學生和老師彼此以「君」稱呼，這是個最普通的敬稱，代表在學校裡老師和學生都要平等地對待對方，這樣的概念從一百五十年前就建立了。儒家一向講究長幼有序，階級分明，慶應大學實行師生平起平坐，是一個很大的觀念突破。

有件事我記得特別清楚：二〇〇五年，連戰訪問中國，去北京大學演講，他講到要「為往聖繼絕學，為萬世開太平」[3]，當時我和幾個日本人在場，聽到後我們都覺得連戰以為在自己是誰？政治人物不就是大樓管理員，把工作做好就可以了，怎麼可能為萬世開太平？想為萬世開太平，就是要成為一個獨裁國家，製造一種永遠執政的制度，那是很恐怖的事情。

儒家所謂的天地君親師，人民被教導要孝順父母，而當官的往往自稱父母官，於是人民就被期望要順從、聽話，把官員當作父母。這樣的觀念基本上在台灣始終存在，韓國也還有一點這樣的思想，中國就更嚴重了。相對而言，日本西化得比較徹底，因此不大像台灣社會這樣熱中於造神，所以在毀神的時候也格外恐怖。舉例來說，新竹市的市長高虹安還在打官司，她觸犯的是沒多大一點事情的罪，卻被媒體攻擊得體無完膚。小草看待柯文哲，也還是標準的造神運動。

在很多地方，台灣的民主政治頗為民粹傾向，比起很多國家，法治方面的觀念相對落後，很多人對司法並不

2．一八七二—一八七六年間陸續發表。
3．語出張載（一〇二〇—一〇七七）所作的〈西銘〉。

信任，也有很多人對司法制度毫無概念，比方柯文哲被羈押，民眾黨就經常喊「賴清德放人！」若有日本民眾在路上喊「石破茂放人！」我就很難想像。司法自有其制度，身為總統也沒有權力抓人或放人，這樣的呼喊，只顯示群眾自身的荒謬。

在希望和危機之間：明白台灣的處境，我們所立之處

二〇二四年五月出現的青鳥行動，顯示大眾對時局有危機感，在年輕人之間，這樣的危機感有所蔓延，但是急迫感比太陽花學運小了非常多。二〇一四年的太陽花學運，可能讓很多人覺得被燙傷過一次，這回就躲得遠遠的。在青鳥行動幕後幫忙的，很多還是太陽花學運時候的參與者，像是經民連的賴中強律師。召喚出那麼多人上街頭，當然有一些社會輿論的效果，實質上改變某些現狀的效果卻是沒有的。在野黨提出的《選罷法》修改，國民雖然有有很多不滿，也有很多號召罷免立委的聲音，但是，再投票選一次立委，執政的民進黨也未必能過半，因為現實條件並沒有怎麼改變。蔣萬安、盧秀燕的形象還是非常好，民調數字一直很高，執政黨的支持率並不低，但是有其侷限，這只能從台灣的處境來理解。

台灣所處的環境太複雜，對岸有一個巨大的國家機器，對台灣進行各種滲透，這是短期內沒有辦法改變的狀況，李登輝總統說過，身為台灣人的悲哀，這就是台灣必須面對的問題，對岸會不斷出招，剛化解掉一個招數，新的招數就來了。二〇一九年底，《反滲透法》[4]通過，但馬上就沒用了，因為滲透的方式完全改變，繞過了法律規範。例如二〇二四年十一月，馬英九基金會邀請了馬龍和數十個大學生來台訪問，如果不是其中有名大學女生在受訪時說了「中國台北」，加上中國媒體以不當文字形容中山女中的學生，[5]引發台灣學生一連串抗議行動，那

個訪問團就可以說基本是成功的，在台灣各地是受歡迎的；台灣民眾仍然欠缺危機感和防禦心，說敵我不分也不為過。

對於和中國交流，執政黨當然可以比較嚴格地把關，但這就要看民眾會不會支持，把關過嚴還是會引起反彈。像是政府可能以訪問目的不符之類的理由處罰馬英九基金會，在一段時間內不得再邀請類似的中國訪問團來台，[6]但這種處分完全不痛不癢，還很容易被操作成政府打壓兩岸交流的印象，只會傷到自己，傷不到任何敵人，毫無實質意義。要談兩岸交流，不妨去看看線上遊戲平台留言的地方，一方噴兩句，對方回兩句，兩方吵起來，可以持續二十四小時，那才是真正的兩岸交流，彼此把想罵的全罵出來，最後知道對方在想什麼，自己在想的又是什麼。現在受邀到台灣來的訪問團，每個團員都戴著面具，所說的每個字都要經過審批，根本不能稱為交流。

中國訪問團那樣的活動一辦再辦，說明台灣民眾對中國很陌生，政府對中國政府也是。怎麼樣才可以減少陌生的程度？我認為要認識事情的本質，比如說，台灣挺香港就是一種很好的兩岸交流，透過音樂會之類的文化性活動，台灣社會表明支持香港的態度，勇於表態是最好的交流。民進黨政府不要態度模糊，面對大是大非的問題要勇於表態，讓全世界看到台灣支持人權、民主和自由的態度。

比起過去，我認為賴清德政府相對勇於表態和強勢，凡是支持香港、西藏的集會，執政黨的官員或民意代表都應該勇敢表明態度。雖說我認為台灣政府對許多議題的態度不夠直接、明確，所幸年輕世代至少對香港的處境

4．二〇二〇年一月十七日施行。
5．參見中央社二〇二四年十二月三日報導〈中國網友稱馬龍如入盤絲洞 中山女高嚴正抗議〉。
6．參見中央社二〇二四年十二月五日報導〈陸生團脫口「中國台北」 陸委會：馬辦應該負責〉。

很有共感，對許多事物也勇於表態，例如前面提到的中國學生訪問團，名為來台交流，實則過水作統戰，當時很多學生團體站出來表態，要求真正的交流，網紅八炯則是走搞笑路線，到場支持被拉下台的中國國防部長苗華和外交部長秦剛，讓那個訪問團的成員驚慌失措。

許多荒謬的陰謀論，相信的人還是為數不少，顯示台灣的民主可能還不夠成熟，不過，從韓國總統尹錫悅所發動的戒嚴鬧劇看來，韓國恐怕比台灣更不成熟。韓國那場荒謬的戒嚴，其實對台灣會有很大的影響，尹錫悅戒嚴的理由是北韓滲透，他以這個理由來掩蓋妻子收賄的司法問題；那麼，以後台灣政府若是說中國滲透之類的話，馬英九辦公室就會說，這是台灣版尹錫悅，說執政黨想搞戒嚴。

台灣民眾的心態基本上是小國寡民的，對國際社會不甚關心，只關心自己。二〇一〇年，劉曉波獲得諾貝爾和平獎，我特地到奧斯陸採訪頒獎典禮。當時城裡全是記者，從亞洲去的，日本至少有四、五十人，韓國記者也有二十多人，台灣卻一個都沒有，我非常訝異。作為敵人的敵人，劉曉波在中國如何被整肅，台灣也該付出一些關心，何況他還有諾貝爾獎的榮譽在身。和台灣駐挪威代表處餐敘時，代表向我確認，的確沒有任何台灣記者到場採訪，於是我寫了一篇文章，主要說台灣不表態，似乎受到什麼外在壓力。這篇文章發表在日本報紙上，《自由時報》看到後翻譯轉載，[7]才有台灣媒體詢問挪威代表處劉曉波獲獎這件事。

相較之下，韓國的國土面積和人口數比台灣大不了多少，經濟規模也差不多，但是韓國很關心國際新聞，按理說，劉曉波與他們的關係比台灣遠得多，而且台灣媒體並不是缺乏經費，劉曉波獲得諾貝爾和平獎前一兩年，記者被派到全世界各地，追查陳水扁案的海角七億，但是，不管到了瑞士或美國，媒體關心的還是台灣的內政，顯得眼界過小了。

在這個多元媒體的時代，資訊來源很多，台灣的年輕人要多閱讀國際新聞，關心國際局勢，瞭解外面的世界，讓視野更多元，不要光從台灣的角度看問題。比如說烏克蘭、中東的問題，距離近的像是韓國的問題等等，年輕人需要慢慢地培養關心國際事務的習慣。比如韓國短命的戒嚴事件，大家當做鬧劇來看，但是這個事件對台灣有深刻影響，與台灣的關係非常大，不過，大家基本上沒有展開太深入的討論。

台灣的命運其實與朝鮮半島非常密切：一八九五年，台灣割讓給日本，是因為朝鮮發生的日清戰爭；一九四九年國民政府逃到台灣，美國介入台灣海峽的戰事，也是因為發生韓戰。朝鮮半島的變化對台灣至關重要，但我感覺，台灣社會對韓國基本不關心。在日本，至少大家知道台灣有幾個主要政黨，韓國有幾個，各自的主要政治人物是誰，但是台灣人基本上專注國內政局，對國際事務並不太感興趣。

每個國家各有難處，美國支持和不支持川普的民眾，立場上完全對立；中國更不用講，年輕人光是舉著白紙站在路上就要被阻止，半夜騎自行車去吃消夜也不行，他們更絕望；韓國總統突然戒嚴，造成大亂局；日本首相石破茂被國會少數執政的局面搞得焦頭爛額。相形之下，台灣的政局有自己的問題，大家也不用自怨自艾。不管處在怎樣的條件下，公民都要關心政治，積極參與政治，社會才能進步，自己的生活才能變好。

7．參見《自由時報》二〇一〇年十二月十日報導〈日媒：台灣想參加頒獎典禮遭拒〉。

我的民主練習

——林正盛

從政治狂熱到電影狂熱

二〇二四年五月，我領到敬老卡，正式進入法定老人行列。

六十五歲，經歷了六十五年跟國民黨的恩怨情仇，童年時期在學校的黨國不分洗腦教育，少年時期經歷威權體制控制下有限的、作弊的選舉，青年時期走進黨外時代的民主運動街頭抗爭抗議萬年國會，抗爭戒嚴體制、動員戡亂體制……直至二十五歲進編導班就讀電影，熱愛上電影，全心追夢電影，而減低了些對政治的狂熱。

是的，從小到大在家庭影響下，我對政治關注，少年時期進入台北後，更是愈來愈狂熱，直至遇到電影，才轉成了電影狂熱者。

關於我的政治狂熱，必須回到我的出生，我成長的家庭生活談起。

我出生於國民政府（黨）撤退來台十年後，白色恐怖還在蔓延的一九五九年，隔年原本受到蔣介石支持的《自由中國》雜誌遭查，雷震被捕入獄。

我出生於後山台東偏鄉，本該山居無歲月的童年，卻因祖父信仰共產主義左派。父親相信資本主義右派，所以生活裡經常上演他們的左右相爭，聊個天一不小心就意見不同爭執不休，尤其看報紙聊新聞，聊國際事、天下事、社會事，幾乎一開口聊沒二句就針鋒相對爭辯不休。由於生活在祖父左、父親右的意識型態無休爭執裡，倒是沖淡了學校黨國不分愛國教育對我的洗腦作用，因為在家裡聽祖父左、父親右爭執不休，聽得霧沙沙，聽不出誰對誰錯，反倒是聽出了許多疑惑不解，不知該相信誰！尤其是跟著祖父偷聽在夜裡小收音機裡的大陸廣播：「東方紅，太陽升，中國出了個毛澤東……」對比著學校愛國教育裡的民族救星蔣中正，讓我困惑不已，困惑久了，困惑成了懷疑看待事物，尤其是政治。於是意外地沒被學校黨國不分的洗腦教育洗腦太成功，沒被洗腦成僵固意識型態的人。

國中時，一句對我較有影響的標語，是豎立在校門口兩邊的：「做個活活潑潑的好學生，當個堂堂正正的中國人」。除了學校大中國意識形態教育，又有祖父夜裡偷聽的小收音機裡有個紅色祖國，再加上公民課課堂上，一個跟學生說：「愛國不是什麼都聽政府的，而是要批評政府的錯誤……」的軍中退役的公民老師。因此累積了我完全相信自己是中國人。「好學生」、「中國人」理所當然的無需思考，連多想一下都不用，反而是純真素樸，直接有力的「活活潑潑」、「堂堂正正」倒是吸引我，感覺深刻地在我懷疑少年的陰鬱心懷裡生出一股少有的坦坦蕩蕩生命胸懷。

公民課與黨外民主運動

公民老師叫楊光昭，抗日戰爭時他是緬甸遠征軍。公民課的課堂上，他總是跟我們講述當年戰後，從緬甸回國，一路雲南、湖南的看盡了軍閥軍頭之間的鬥爭，武器、軍隊整批整批的交易，交易賣掉武器、軍隊的就出亡香港。直到走進上海，看見洶湧波瀾的學生示威隊伍，學生罷課抗議國民政府的貪汙腐敗。楊老師痛陳他親身經歷了中華民國貪汙腐敗，壟斷財政，終而失去民心，一路敗退到台灣。至今猶記得楊老師上課陳述這些時的痛心目光神情，及那神情目光裡流露出來的深沉正義感。

相較於黨國不分的愛國洗腦教育，楊光昭老師在公民課課堂上，痛心陳述批派中華民國的腐敗貪汙，苦口婆心地告訴我們什麼叫愛國，愛國就是要批判指出他的錯誤。這些才讓我自認是個中國人，把中國當祖國，當了很久很久。

從小到大，從家庭到學校，我一直摸索著政治，直到楊光昭老師的公民課，才真正帶我上課了民主練習。

到底當了多久的中國人，回頭再從我國中畢業那年說起。

一九七五年，我國中畢業，離家走出山居山野，走進繁華都市，張望窺探向更大的世界。當麵包學徒的我，跟著師父參與接觸當時正微微漾動起來的黨外民主運動。當時十六歲的我，目光發亮看著康寧祥騎著三輪車（掛著簡單競選招牌）競選台北市議員，他的三輪車街角、小公園一停就演講。這是我進入台北都市生活，進入社會親眼看到，親身經歷著的民主練習課程。

就這樣，我從家庭、學校走進社會現場，走進民主抗爭運動現場，真真實實親身經歷著民主學習。當兵前，經常跟著師傅去選舉活動現場，聽黨外候選人演講，聽一個個黨外候選人或幽默，或激昂，或痛心的慷慨陳詞國民黨的貪汙腐敗、特權壟斷，透過動員戡亂臨時條款合理化戒嚴極權統治，透過警備總部抓捕異議份子，只要是批判抗議、反對他戒嚴極權統治、鼓吹追求民主自由體制，都被歸類為「共匪同路人」，成為國民黨口中的「三合一敵人」，遭到打壓迫害、逮捕、軍法黑幕審判，送進軍事監獄長期關押。

當兵前，影響我最深的是國民黨中山獎學金培養出來的許信良。先是閱讀到他寫下擔任省議員四年回顧的《風雨之聲》，隨之去聽他脫離國民黨參選桃園縣長的演說。脫離國民黨的他，競選活動不僅仍存國民黨精神，並往前推崇國父孫中山「民族、民權、民生」的創黨精神。演講台上掛著國父遺照，他每次上台都向國父遺照鞠躬禮敬，然後才轉身站上講台跟群眾演說，他細數陳述國民黨已經背離孫中山創黨理想的事實。

選舉結果許信良大贏，開票過程國民黨被抓到疑似做票，選委會又遲遲不肯宣布許信良當選，逼得人民包圍中壢警察分局，政府派出軍警包圍鎮壓，引起人民對恃抗爭，憤怒得焚燒警車。這是台灣民主運動史上所稱的中壢事件。

中壢事件，讓我印證國中公民課課堂上，楊光昭老師所說中華民國的貪汙腐敗、極權獨裁、特權壟斷、打壓異己，差別只是楊老師口中的中華民國，這時變成了「國民黨」跟「國民政府」，因此在這在我心底埋愛國，救中華民國就要推翻國民黨，推翻一黨執政的國民政府，然後推動經由人民投票決定在朝在野，建立起一個政黨輪替的民主制度，這才足以救亡圖存中華民國。這時我還自認是中國人，深深認定推動民主化就能當個堂堂正正的中國人。

然而推動民主化，首先面對的是兩個萬年國會（立法院、國民大會），面對幾百名，甚至上千名國民政府從大陸帶來代表整個中國民意的國會議員（立法委員、國大代表），因為沒有他們就不足以代表那片秋海棠，於是非要他們留下不可，又因已敗退台灣無法改選，能改選的永遠只有台灣地區的增額代表，頂多二、三十席立法委員，跟國大代表。二、三十席，在二、三百席立法委員的立法院，在上千席國民代表的國民大會，簡直少得可憐，除了不斷杯葛抗爭，沒有足夠的新民意來建構民主制度。於是在台灣地區增額選舉選出的立法委員、國大代表只能杯葛抗議下，凸顯出永不改選的萬年國會的荒謬性，慢慢的那些永遠不必改選的老立委、老國代，成了黨外民主運動，街頭示威遊行人群裡痛罵著要打倒的「老賊」。

持續的民主練習

經由黨外民主運動的啟蒙，走過一場場示威遊行，而且閱讀許多當時黨外政論雜誌，幾年下來，讓我心中的中國變得虛無飄渺地遙遠起來。感覺上我們竟然在一個小小島嶼上想像懷念，要把整個巨大的中國擺放進來，以法統自居的聲稱著代表中國，而且還漢賊不兩立的退出聯合國。

帶著這種虛無縹渺的荒謬情境，繼續前行著民主練習，隨著黨外民主運動壯闊起來，逼迫國民黨不得不退讓……解除報禁、黨禁、開放兩岸探親、解嚴、國會全面改選……等等一步步開放，多元多義的聲音流動起來，讓台灣社會既荒謬又魔幻了起來。長期戒嚴體制下不能閱讀，不能討論的共產主義思想，都可以閱讀，可以討論，而且還某個程度成為時興流行的話題。

童年睡通舖，睡在祖父旁邊，跟著祖父偷聽小收音機裡〈東方紅〉激昂歌聲，及歌頌著偉大毛主席的我，那從小被誘發累積，隱藏於心底的那分莫名親切，難以言明的對共產黨的情感，再次被誘發出來，把對國民黨的失望不滿，轉移希望的視共產黨為中國未來的希望，加上那時讀編導班，大量接觸第三世界電影，深受反殖民、反獨裁極權、反資本主義、反美國帝國主義的電影內容感動，而對共產黨充滿幻想嚮往。當時經常在朋友歡聚暢飲時，激昂高歌〈國際歌〉，滿心寄希望於共產黨帶領「這場最後的鬥爭」，走出中國未來的進步。當然那時我還自認是中國人，台灣是中國的一部分。那時的我就讀電影編導班，大約是一九八五年至一九八八年期間，漸漸地愛上電影，狂熱追夢起電影。

直到一九八九年，中國發生天安門事件，共產黨派解放軍，派坦克車開進天安門廣場，鎮壓屠殺學生。看著電視新聞畫面，我完全震驚嚇壞，完全心痛地覺醒，這個極權獨裁的殘暴共產黨，絕不是我要的。為了保有我們長期努力，好不容易爭取來的民主自由的生活方式，我從此不當中國人，不跟中國統一。

至此，我經歷了我最重要的民主練習。當然練習不會結束，隨著歲月更迭，迎向時代變化，面對不同的時代課題，我們持續的不斷民主練習中。

六十五歲，進入法定老人行列的我，叨叨絮絮寫下這些我的民主練習過程，是想告訴大家，民主練習過程追求的是建構一個多數人民想要的生活方式，回頭看起來，我們一路追求的是建構一個多音多義文化價值，多元生命價值的民主自由生活方式。

我們當然各有意識形態，各有文化認知、族群認同，難免會有爭執、相互批判，甚至鬥爭，然而我們共同生活在台灣島上，當要尋求共識出屬於我們共同的利益。所以我們雖會因個人的認知，及利益衝突而對立，但同時也會為尋求共同利益而同謀。

既是對立者，又是同謀者，如此我們才能繼續保有，而且壯闊民主自由的生活方式。

寫下這些，寄希望於台灣人民，無所畏懼地一直一直民主練習中。

寫於深夜，正在展開全面罷免惡刪預算的立委

國家有難，他們選擇站出來——永遠在現場的民主世代

游惠貞

二〇二四年五月，當「青鳥行動」還沒有以「青鳥」為名的時候，立法院內正進行著多個後來被判違憲的法案表決，立法院的圍牆外開始聚集許多前來關切的民眾。在宜蘭斜槓政治及私廚經營的郭熏翰，當晚立馬從宜蘭趕到台北青島東路現場，他很快就看到兩位原住民青年陣線的朋友Savungaz Valincinan和Yuli Ciwas，她們開在西門町一棟百年老宅咖啡店Lumaq正值營業時間，但一聽到立法院有事，兩人立即跟還在店內用餐的客人說：「你們自己自己，等一下走的時候，幫我們關上門就行。」就這樣火速衝到現場。Yuli有感而發地說：「為什麼十年之後，我們還需要衝現場？好在我們還衝得動！」

二〇一四年太陽花學運時，他們在這個熟悉的地點，與數以萬計的公民和年輕人一起喊著「反黑箱服貿，救民主台灣」，抗爭長達數十日。那場巨型抗爭，對許多參與者而言，確實是某種生命的轉捩點，改變了人生道路。

二〇二四年五月過後沒多久，「青島東路」這個街道名在臉書上被奇異的演算法大降觸及，民眾開始自發地取字形接近的「青鳥」代之，展開了綿延不絕，擴展到全台灣的「青鳥行動」。在幕後策畫青鳥行動的主力之一，是太陽花世代的曾柏瑜。當年她是第一批衝進立法院的年輕人之一，學運之後，她的「運動傷害」極深，花了很長

時間自我修復，但多年社運給她的底氣讓她滿血回歸，十年之間越挫越勇，在她即將走進政府體制的幾個月空檔期間，還可以幫助新型態的群眾運動一臂之力。

太陽花學運現場的硬體童智偉與王雲祥、網路專家劉宇庭、與警方保持聯絡的糾察隊、安全組等等太陽花學運的幕後戰將，在青鳥行動期間總是在附近「巡場」，帶著自己的專業，隨時準備支援現場，也警覺地看守著不同於以往的公民運動樣貌。他們的年紀不過三十上下，卻總是自嘲是街頭運動的老臣。

二〇一四年在新竹清華大學念研究所的林亮君，太陽花學運期間台北新竹兩地奔波，如今她是連任兩屆的台北市議員，青鳥行動幾次近乎短兵相接的時候，她總是擋在警察與抗議民眾之間折衝溝通。當年剛從高雄北上唸大學的黃捷，太陽花學運期間被范雲在內的老師帶著到青島東路席地上課，十年之後，她已是立法委員，與同為立委的范雲一起在議場內為阻擋不當法案奮力拚搏。

十年的考驗是嚴酷的，當年搶著站在浪尖上發聲的人，耽溺在權力的誘惑中，已變質成為偽君子；本書訪談的十數位「太陽花世代」的年輕人，則是現代俠客，社會有需要的時候，他們第一時間出現在現場，或者透過網路直播密切觀察著，眼觀四面，默默守護；行動告一段落時，他們又悄悄回到自己的生活軌道上，不爭檯面上的名位，不奪群眾運動衍生出來的利益。

這些年輕人大都出生於解嚴之後，對他們而言，民主就像陽光、空氣、水那樣與生俱來。他們多半在二〇一四年之前就投入社會運動，太陽花學運成為集結社運力量的總和，那場台灣史上最大規模的社會運動，對我們訪問的這幾位重度參與者而言，是一種混雜了各種愛恨情仇心境的經歷，他們在其中受考驗、受煎熬、被傷害、被背叛，卻也發掘了自己的潛力，在日後勇敢自信地面對各種挑戰，相信自己的力量，願意為公眾事務付出，成為懷抱理想的行動派。

本書的起點是資深導演林正盛與拍攝人權議題紀錄片多年的楊正欣，和正好在規劃女性影展30週年巴黎特展的我，商議著如何能及時完成一部談台灣女性從政的紀錄影片到巴黎首映。紀錄片的拍攝計劃如常地趕不上變化，不變的是籌備過程中努力去做人物訪談、田野調查，慢慢地，這部名為《民主，練習中》的影片聚焦在三個人物身上：廖郁賢在二〇一八年與同為太陽花世代的數十位年輕素人以藍綠之外的第三勢力之姿，投入地方選舉，當選雲林縣議員的時候才二十七歲；廖郁賢的幕僚長傅銘偉長期在雲嘉南一帶工作，兩人有如誤闖政治叢林的小白兔，一步步踏進雲林這個地方勢力龐大糾結的農業大縣的政治江湖。年紀更輕、資源更少的郭稟翰，在政治工作上和生活上都與阿賢和傅銘偉相濡以沫，比起地方政治，他對宜蘭的飲食文化和宮廟文化有著同樣的熱情。《民主，練習中》透過這幾位年輕人走進地方實踐政治理想的際遇，展現了台灣的農業縣如雲林和宜蘭，基礎建設十分完備，也有相當都會化的市鎮樣貌，但充斥著鮮明的城鄉差距感，主要體現在人際關係的網絡之中，以及奇異的多神民間信仰與世俗生活之間的連結。

傅銘偉和郭稟翰正巧都是出櫃同志，他們自在、開放地在地方上忙著公眾事務，走市場，拜宮廟，我們發現，性別平權的價值觀使得台灣社會豐富多元，這是民主世代承繼了同志運動長年以來的戰果。

拍片過程中進行的訪談，得來更多人的生命故事，遠比電影能夠乘載的更多元而豐富，感謝楊正欣導演多年來在社運界的「闖蕩」，使得我們在有限的時間內可以得到受訪者的信任，願意花許多時間分享他們的生命歷程，透過他們的故事，我們可以窺見台灣的公民社會如何形塑成今日的樣貌。

特別感謝幾位心意滿滿的受訪者：蔡培慧老師、黃捷、吳崢、吳志寧、鄭小塔、林介佳，還有多位民主世代的朋友，礙於時間限制，暫時沒能更深入地進行訪談，謹於此致謝，期待日後的機緣。

I 現場

（之中）

為自己的理念負責，在雲林

廖郁賢

二十三歲，學生（新竹教育大學[1]中文系）

三十三歲，學生（中正大學政治所）、政治工作者

經歷人社營，從此，雲林有個廖郁賢

我的家在雲林二崙，一個養豬、種香蕉和稻米的地方，我的家鄉，雲林縣二崙鄉。

我是長女，也是家中唯一的女兒，下有二個弟弟。爸爸媽媽生長在重男輕女的傳統大家族，小時候，阿公還認為我是女孩子，不用太照顧，也不用讀太多書，所幸我的爸爸媽媽完全不是這樣。

我家並不富裕，但爸爸、媽媽對孩子非常照顧，身為唯一的女兒，爸爸特別疼愛我，他喜歡我打扮得漂漂亮亮，同時教導孩子們要獨立，要有自己的想法，不要怕與別人不一樣。

長大的過程裡，我是個強悍的女生，和很多小孩一樣，我在學校裡也

廖郁賢全家在華隆罷工現場，左起廖郁賢、廖家德（爸爸）、蘇妙惠（媽媽）、二弟（廖廷彬）、廖廷偉（大弟）。

1．2016年11月，原校與清華大學合併。

會被霸凌，但是我一定會還擊；我和我的兩個弟弟廖廷偉、廖廷彬會互相照顧，小學時期，爸爸媽媽為了還債，外出努力賺錢，常常讓我們姊弟三人待在家，媽媽會叮嚀兩個弟弟，要保護姊姊。我們三個小孩天不怕地不怕，但是很怕蟑螂，媽媽說過，還在唸幼稚園的時候，我的大弟廷偉就懂得站出來說：「姊姊，我保護你，你不要怕！」其實他怕得要死。

麥寮高中二年級的時候，我爭取到資格，參加了國科會高中生人文及社會科學營，這是我第一次走出雲林地方農村，眼界大開，看到台灣社會與世界的不同面向，認識各地同齡高中生，像是黃郁芬、林飛帆、陳為廷、曾柏瑜。人社營的吳叡人和其他老師所教授的社會科學相關知識，帶給我很大的震撼；我一向自覺出身卑微，經過人社營啟蒙，我產生追求公平正義的憤青精神。人社營之後，同學們走進各個社運現場時，我也會跟去，後來還跟隨黑色島國青年陣線，一起上街抗議、環島宣講。

我跟著夥伴們參加華隆工廠罷工、反媒體壟斷，[2]這些抗爭活動都在三一八學運發生之前。我們在街頭發聲，我和夥伴們站在隊伍前端，大聲喊「有錢放煙火，無能護勞工」「反旺中、反紅媒」等口號，我經常站在第一線，拿著麥克風宣講，大家有一種命運與共的感覺。

有幾次抗議現場，參與者和警力發生衝突，我被媒體拍到，雲林的鄰居在電視上看到，告訴我的爸媽，他們完全沒有驚駭之意，對我只有支

廖郁賢及同齡學員在高中生人文及社會科學營，2007年。

持，我爸說，他準備好隨時可以北上，去警察局把我領出來；親戚朋友跟媽媽說，不要太寵小孩，女孩子這樣被警察抬走，不好看。媽媽就回：「哪天遇到問題，沒有人聲援，你就不會這樣想了！」感謝我爸爸廖家德先生，我媽媽蘇妙惠女士，他們真的很挺我，非常有正義感。

從新竹到台北，再到新加坡，然後到雲林

從對台灣社會的自我認知和發展方向來看，三一八學運是很重大的事件，第一是時間拉得很長，有二十四天，第二是規模非常大，從最開始的幾百、幾千人，很快變成幾萬人甚至幾十萬人聚集抗議的規模，很多人在現場發表各種言論，也有老師帶著學生到現場上課；對很多年輕人來說，三一八學運可以說是政治的啟蒙，可是，對我個人來講，三一八學運的重要性，比不上我更早前就參與過的華隆工廠罷工、反媒體壟斷這些社會運動，與夥伴們一起在街頭喊口號，有一種命運與共的感覺，但三一八學運讓我真真實實地感受到：學運夥伴也有階級差異。

二〇一四年，我在新竹上大學，三月十八日當天，接到夥伴的電話，叫我趕快到立法院現場，進議場去，我就衝去搭車往台北走，在半路上，朋友又來電說，我還是先不要去現場好了，「大家都進去了，你現在才

2．華隆工廠罷工、反媒體壟斷等兩件抗爭皆起於2012年6月。

來，也只是群眾。」

很多早幾年和我一起參與社會運動的朋友，那天都很快地衝進立法院，成為學運的核心份子，如果我要進入核心圈，應該也沒有那麼難。我一向拿麥克風，可以主持，可以指派大家做這個做那個，參加社會運動久了，我知道現場怎麼處理。我的朋友好意提醒我，「你現在才來，也只是群眾。」聽到這句話，我意識到，我好像已經長成我很討厭的那種人，也就是有階級分別的人。

當天我還是到了立法院現場。接下去很多天，只要有空，我就到青島東路的舞台區，因為立法院議場外有大腸花論壇、賤民解放區，也有老師帶學生在現場上課，這些人都對這場運動有貢獻，卻不被社會看見，媒體只著眼學生領袖，場內的那幾個人才擁有話語權。但我在場外顧前看後，聽大家暢所欲言。對我來說，那樣的參與比加入場內的核心圈更有價值。

我之前花太多時間參與社會運動，沒有好好照顧課業，三一八學運那段時間，我還要準備考試什麼的，無法從容地投入。我又是需要打工賺錢，才能去應付生活所需、去念書的大學生，可是我身邊許多學運界的朋友們，似乎沒有我這樣的經濟問題，有人不知道我的狀況，還會批評我，說我對運動怎麼這麼不上心，這麼不認真。可是，我不賺錢，就沒辦法過生活。

那段時間，我每天在新竹的飲料店打工到晚上十二點，然後騎摩托車到客運站，再搭大巴到台北，然後跑到現場幫忙，經常要拿起麥克風上台主持，完了之後，搭最早的車班回新竹上課。這樣還是會被同伴唸，像是「剛才我們才被抬走耶，怎麼沒看到你？」參與社運的經歷裡，那是我最辛苦的一段時間。

三一八學運之後，我還是休學了，因為騎車而出了重大車禍，住院休養很久。

畢業後，我去新加坡工作。二〇一七年，為了更新簽證，我返台處理，順便休假。得知原住民歌手巴奈在凱達格蘭大道紮營抗爭，[3] 訴求土地正義，我去探望看她／他們。在抗爭現場，我遇到一位大姊，華隆罷工抗爭期間和我非常要好，那時她已經加入時代力量，並在黨內工作，她對我說，時代力量很缺人，我又會講台語，要不要回雲林工作，月薪並不高，一個月兩萬八，但不會太忙。我等著新加坡的工作簽證，又覺得回雲林陪一下爸媽也不錯，總之，二〇一七年四月一日，愚人節那天，我去時代力量的雲林黨部報到。當時我完全沒有想要參選這件事。

傅銘偉——平常我們喊他小花——比我晚一個月進時代力量，不過，他比我年長接近十歲，雲林黨部的主委林郁容醫師就請他擔任雲林地方黨部的執行長，我則是副執行長，在雲林地方黨部，我們一起工作了五年。

3．2017年2月23日至2024年5月20日，凱達格蘭大道及228紀念公園，總計2,644天。

時代力量是新成立的政黨，黨中央的幹部幾乎都是政治素人，他們知道要發展地方，但基本上沒有人脈，於是希望各個地方黨部可以進行串連。進黨部工作沒多久，距離二〇一八年九合一選舉已不到一年，時代力量黨中央在二〇一七年下半年就開始尋找在地人，代表時代力量參選，執行長小花和我這個副執行長就在雲林認真地搜尋。

一開始，黨中央給了我們一份名單，讓我們去面談，黨中央顯然不熟悉名單上的人選，應該是接受各方提議後擬出來的。我們依據名單，逐一找各個人選來面談，越談越覺得不恰當，許多人很勇於表態，想要參選，對於想要選的職位本身並沒有概念，更不用提有什麼理念了；有的人選甚至在地方上很有爭議性，例如六輕支持的人選，其實是想要藉時代力量之名，代表海線參選。

時間越來越緊迫，我們卻一直找不到適合人選，有一天，小花和我商量，與其隨便找一個人代表時代力量，不如由我參選。我說，不可能啦，我沒錢沒勢，我家裡務農，和政治沒有任何淵源，什麼資歷、人脈我都沒有，這樣要參選，根本是砲灰。但小花對我說，就當作是為時代力量打知名度，擴展第三勢力，即使當砲灰也沒關係。

我認為小花的講法有道理，反正我沒有什麼好損失的，參選就是為黨打知名度。我還是怕怕的，畢竟我的家境和自己的條件都不夠。當年主導

廖郁賢競選雲林縣議員期間，2018年。

廖郁賢於時代力量雲林黨部前，2018年。

時代力量黨中央的，是黃國昌主席和陳惠敏秘書長，他們也鼓動我參選，黃國昌還對我說，只要我出來選，以後只要我還想繼續參選，時代力量就一定不會派別人來選；他還說選舉需要什麼，都可向黨中央申請，他們都會處理。

考慮比較久的，反而是雲林縣黨部的林郁容主委；臨到最後，實在找不到人，他才同意黨徵召我參選。我覺得反正是犧牲打，既然黨中央這樣拜託我，就決定湊個人數，幫時代力量打知名度吧。我只考量不要讓我的家人為難，避免在我家所在的選區參選，於是把戶籍遷到斗六，寄放在時代力量雲林黨部辦公室。畢竟張榮味家族對我爸爸多少有些關照，我媽媽的娘家蘇家都偏藍，在地方上有點政治勢力，與張榮味家族的關係也不錯，爸媽覺得我們沒錢、沒資源、沒大政黨靠山、沒張家力挺，這女兒實在很大膽。

時代力量正式提名我參選雲林縣議員的時間是二〇一八年三月二十一日——這一天，距離投票日，只有六個月了。

處在地方政治與性別政治交集之處

當選縣議員這件事，實在出乎所有人的意料。從小到大，我有許多夢想，但是從政完全不在我的夢想清單上面，當選縣議員，我當然非常高興，這是我這輩子做過最有價值的事情之一，過去的各種社會運動給了我自信和理想，帶著這樣的信念進到時代力量，我們就是有著很純粹、很簡單的理想與熱情，人生給他拚一次！

在雲林的地方上，政治版圖並不是以藍或綠區分，很多時候是以利益或地方勢力來區分。雲林縣議會依靠黨團、派系運作，前任縣長張榮味為主的張家是最大派系，議會裡面有國民黨、民進黨、民意聯盟、誠信聯盟等四大黨團。所謂的誠信聯盟，主要由與張家友好的無黨議員組成；民意聯盟則是那些張家不信任的議員所組成的政團。

時代力量是新成立的小黨，勢單力薄，並不會主動招惹哪一方，理念相同的時候，當然以合作為主。二〇一八年到二〇二二年的這四年任期內，我們做了超多事情，大的像是監督六輕、參與水林鄉林內村養雞場汙染抗爭事件、林內瀝青廠違法抗爭事件，還有我在競選時就提出的政見，像是要求設立性別友善廁所、舉辦雲林地方青年論壇、第一屆雲林彩虹大遊行[4]，選民服務更是不計其數。

進了縣議會，馬上感受到我的性別很成問題。雖然時任雲林縣縣長的張麗善和副縣長謝淑亞都是女性，對促進性別平權這件事，她們好像沒有任何幫助。在議場內外，對我的言論不爽時，我的議員同僚們最廉價的攻

4．2020年12月19日，斗六人文公園（雲林縣斗六市大學路三段）。

擊招數，就是拿我是「年輕未婚女性」的刻板印象作文章，明示、暗示我的私生活可能不檢點，又說我恰北北，一定嫁不出去，也有人說我不結婚，可能是女同志等等。

議員任期進入第二年（二〇一九）的時候，正好有個結婚的機緣。我因參選認識了在雲林科技大學任教的簡端良老師，他專長社會學和哲學，經常發表文章，論述很犀利，競選期間，我們曾經找他幫忙。簡老師覺得我們像是小孩玩大車，並不看好，後來看到我們很辛苦、認真地到處拜票，孤苦無依地埋頭苦幹，還是幫了我們一些忙。簡老師知道我在議會的處境，交往不到一個月，我們就決定結婚。我的想法是，結婚或不結婚，日後都可能會後悔，既然對方願意，不如結婚吧。有人批評這是政治婚姻，其實我是對於人生的各種階段懷抱好奇，包括結婚、生小孩，我都希望好好地體會這樣的生命歷程。

預備結婚的時候，正好遇到斗六市東市場歷史悠久的建築被拆除的事件，市公所一面宣稱將召開協調會，一面漏夜拆除，這個事件真的讓人非常氣憤，於是我決定到已成廢墟的現場拍攝婚紗照，用這種方式凸顯市公所的獨斷獨行。結果，我們收到了私闖公地的告發單，我的議員同僚還以我在臉書發布的廢墟婚紗照，在議會羞辱了我一番。一名男性議員在質詢檯上展示我的婚紗照，說真的要抗爭是要哭要鬧的，不是穿美美的拍藝術

廖郁賢代表時代力量參選雲林縣議員，2018年

照，還說既然新郎新娘要站在廢墟上接吻，不如搬一張床去，那會更好看！

他們不質詢官員，居然質詢起我這個同事。所幸市公所對我的告發，後來判定無罪不起訴。擔任縣議員期間，這類因性別和年齡而受辱的事情層出不窮，自己的心臟要很強才行。儘管如此，我們的團隊還是努力地在雲林舉辦了一屆同志彩虹大遊行，並且成功爭取到在縣議會和縣府辦公大樓內，設置性別友善廁所。

在成敗中，從政者能否不磨損其熱情、理想、願景？

時代力量邀請我加入，代表黨參選縣議員，在地方經營，當然我對黨也有許多期許。當年我們好多人一起代表時代力量參選，黃郁芬、林穎孟、林亮君、曾玟學、黃捷、郭熹翰等等，都是憑著一股年輕人的熱情和正義感，不管選上與否，都是青春熱血，不求回報地付出。在雲林黨部，我們常常開會討論各項議題，把學校教的、社會運動中學到的各種左膠的觀念都拿出來談，我們有政治理想，有社會未來願景，不論是性別平權、土地正義、對抗強權、創造創業機會……等議題，我們都認真討論著要如何能夠一一實踐。

2020年，廖郁賢（前排右二）和傅銘偉（前排左一）在雲林地方青年論壇現場。

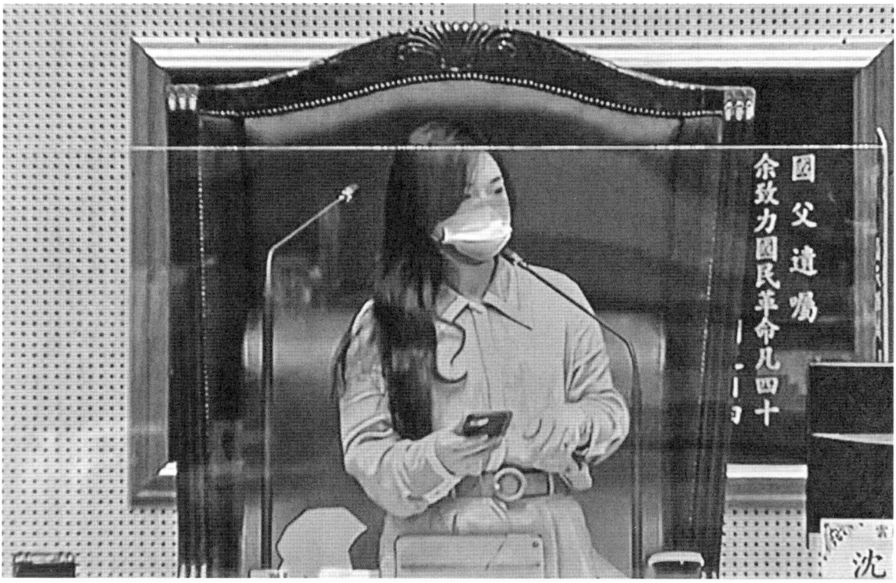

廖郁賢於雲林縣議會質詢。

參與各種社會運動，拿著麥克風大聲說話時，我發現台下的大家都會聽，會跟著喊口號，跟著行動。這些經驗讓我相信，只要大聲說出來，大家就會一起實踐。也就是因為這樣，發現黨中央的信念與我們不同時，沒有人會默不作聲，大家都站出來據理力爭，結果，幾年之內，我們這些政治新鮮人就陸續被「處理」掉，我還遭到時代力量黨中央提告，說我為了競選黨內的中央委員，找了很多人頭黨員。那時，我在黨內的直屬上司林郁方主委退出了執委會，黨中央就拿林主委負責監督的宜蘭和雲林黨部開刀，對我和宜蘭黨部的郭稟翰提起告訴。這場官司整整打了兩年，獲判不起訴。什麼人入黨這種政黨家務事，法院才不管，只是黨中央提告我和郭稟翰的過程，就是在消耗和磨損我們的熱情。

在雲林縣議會，我真的是扮演監督的角色，黨中央一直說要打倒六輕，但是時代力量就我一席議員，連舉手投票都舉不過人家，打倒六輕這個口號太不切實際了。再說，六輕對雲林而言，並非只是個汙染源，它也是重要的經濟體。我希望議會能敦促行政單位去要求六輕，把公共安全條件弄好，減少汙染，增加對地方的回饋，畢竟六輕是那麼大的經濟體，而且存在於當地那麼久。六輕議題成為我與時代力量黨中央意見分歧的開始，我居然還被時代力量黨中央指控，說我幫財團講話。

另一方面，對我嚴格監督六輕的做法，議員同事們也很不諒解，我要求六輕監督小組開會要透明化，結果被他們在議會點名批判，說我汙衊同事收受六輕的好處，威脅要把我送交紀律委員會。我任期的後兩年，六輕小組乾脆完全不開會了。想當然爾，議員們繼續和六輕互動，但我完全被孤立了。

事實上，議員任期內，我做了議員該做的事情，認真質詢官員、監督縣務，但對其他議員來說，這樣做就是找大家的麻煩。上任第一年，許多議員同事對我還有期待，想看看我是不是可能成為拉幫結派的對象，議長也對我不錯，但他們很快就發現我不會隨波逐流，做不成「同夥」，關係就緊張了起來。

特別明顯的一個例子是在二〇二二年。雖然議會還在會期中，選舉在即，九成以上的議員都在跑拜票行程，只有我們這個小團隊還是乖乖地進議會準備質詢，平時議員幕僚可以進入議場的控制室，把質詢要用的簡報檔案交給工作人員。選前正好有團隊來拍攝我們，導演跟著小花進出控制室拍攝多次都沒有問題，但離選舉日大約一個月的某一天，議會一早照樣空蕩蕩，小花如常地帶著攝影團隊進控制室準備簡報檔案，卻突然被行政組的組長阻擋，說控制室是機房重地，閒人勿進。小花回報後，我立刻去質問組長，對方居然找來議長特助和警察，行徑實在太惡劣。

我後來去議長室找議長，要討回公道。議長當然不在，他的特助用黑

廖郁賢競選雲林縣議員連任，2022年。

道喬事的口吻，半威脅、半假意地請我坐下喝茶，表面上想要息事寧人，其實是小題大作，以議長之名告我破壞公物，說我打壞控制室的門；我不甘示弱，反告議長特助威脅。這官司一直到選後才開庭審理，最後以互不起訴結案。

二〇二二年，我爭取連任失敗，當然部分原因和時代力量有關。之前我的團隊打著時代力量的名號，旗幟非常鮮明，再次競選，我卻變成無黨無派獨立參選，即使我的幕僚團隊很強，很會做議題，但我們還是要不斷向選民說明，不然選民都搞不清楚我不再代表時代力量參選。初次參選時，我們努力為時代力量打知名度，到了議員任期最後一年，卻被拔除了政黨的招牌，沒有與黨內同志共同宣傳的輔選資源，感覺特別孤單。更別提在忙著拜票的過程中，還被時代力量中央黨部突襲，在沒有告知我們的情況之下，找人來施工，拆除雲林黨部的招牌，幾乎可以說把我們掃地出門。

敗選後，我們分析得票數和得票分布，比起第一次參選，票數幾乎折半，我們就是輸在沒有組織票，選舉畢竟需要競選團隊，一起打團體戰。獨立參選真的很艱難啊！

勝選是民主的學習過程，敗選也是

敗選之後，民進黨詢問是否有意願合作加入，畢竟四年下來，我的團隊在議會裡推議題的能力有了口碑，對地方上的年輕人，我們也有一些號召力。單打獨鬥了這麼長一段時間，我也想進到一個大黨試試看，在當時這是不得不的選擇，畢竟從政不能只憑熱情，還需要有對政局的判斷力，跟對選民的責任感。既然從政，我就得設法勝選。

大黨有大黨的眉角，民進黨裡面自有派系和利害關係，我所認識的民進黨成員，從高層到很基層的老里長、資深黨員，大都有一定的高度和器度，對我們這樣歷經縣議員敗選而加入的小團隊，算是相當客氣，二〇二四年總統大選期間，賦予我「信賴之友斗六分會」負責人的頭銜，讓我們有個立足點，繼續召喚在地的青年選民，也開了「圓仔花人民會館」這間獨立書店和聚會所，繼續經營我們所關切的青年創業和性別平權議題，在我跌入谷底的時刻，這是很大的助力，讓我有被當作自己人的感覺，我深深感激。

經歷了四年議員生涯，又走過連任失敗的陰影，對於人情冷暖，我感受很深，也不再是剛入政壇時天真勇敢的狀態；除了志同道合，我了解同盟關係還有利害必須考慮，在大政黨的角落裡，我們確實小心翼翼。當

廖郁賢於圓仔花人民會館，2024年。

然，我們還是自我期許：終究還是要對自己的理念負責，但求勿忘初衷，不要為了想參選而隨波逐流。選民不愛我們是應該的，不能為了求選民愛我們而失去理智。

至於未來要再參選或有其他安排，既然身在大黨，自然要尊重黨的意見，有些前輩建議我繼續參選議員，但也有人說，如果黨內有需要，徵召我投入議員之外的公職選舉也不無可能。那麼，哪怕勝選率不高，也要全力以赴，當作練兵和提高打知名度的機會。

其實我的個性很怕輸，可是，參選要天時、地利、人和俱足，而這些資源都不是唾手可得的，只要是在雲林縣境內參選，哪怕勝選率不高，也要全力以赴，不要怕。就像二〇二二年我落選時，支持者對我說的，民主是需要練習的。

廖郁賢雲林縣議會議員席。

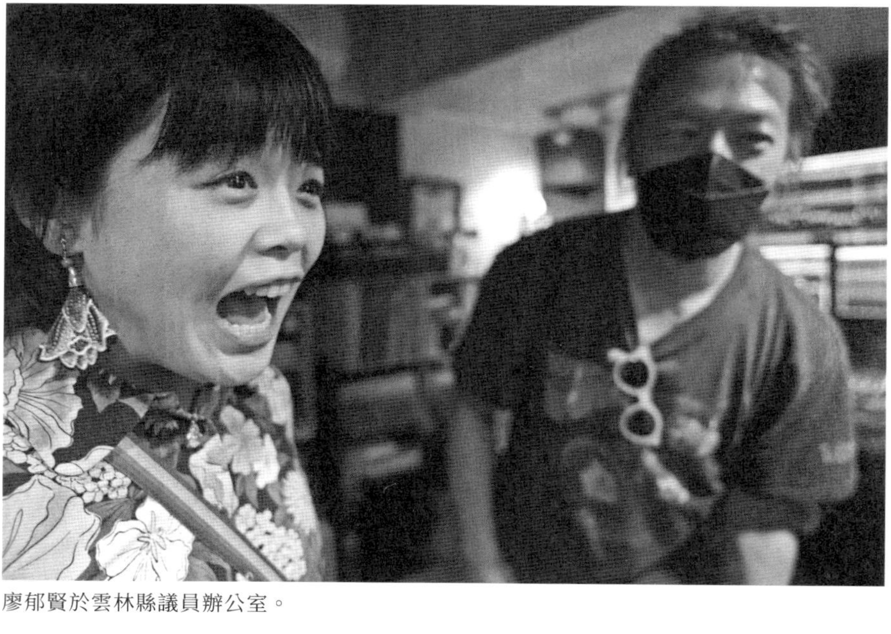

廖郁賢於雲林縣議員辦公室。

地方文史與地方政治親歷記

傅銘偉

三十五歲，社區工作者（新營社區大學專員）
四十五歲，政治工作者（前雲林縣議員廖郁賢辦公室執行長）

性別認同成為政治訓練，從知識現場到社運現場

如果說全世界有十分之一的人是同性戀，那麼，台灣現有人口裡，就有二百三十五萬同性戀者。這些同性戀者之中，對公共議題有興趣的又少之又少，而他們算是我的同溫層。我在高中階段確認自己的性別認同，現在很多孩子可能更早就接受了自己的性別認同，不過，我的自我認同還是經歷了許多不被接受的過程。對我而言，這就是一種政治訓練。

讀台北市中正高中的時候，我參加了社會人士組成的男同志社團：向日葵成長團體。那時我就很愛看電影，各種實驗片、藝術電影等等，眼界大開：人生是這麼樣的多元！我未必要迎合主流，不必當所謂的正常人。只是當自己就必須經歷一番和大家不同的「怪人」階段，這對我有很好的

訓練。大學時期，讀了傅柯的《性史》、《古典時代瘋狂史》等等著作，似懂非懂，但非常驚艷。進研究所後，因緣際會上了林孝信老師的「政治經濟學」，林老師帶學生讀馬克思的《共產黨宣言》，我整個被啟發。這些知識都讓我非常喜歡。

二〇〇三到二〇〇七年我在台南藝術大學念研究所，那段期間算是我參加社會運動的開端。我們做很多社運議題的研究，例如原住民、性別平權運動。二〇〇九年八八風災的時候，我們也參與了救災和重建工作。林孝信老師不只講授馬克思思想，也帶我們參加農民陣線；我們聲援過白米炸彈客楊儒門，也認識蔡培慧、彭明輝、楊祖珺幾位老師。後來我在社運界工作相當長的時間，基金會、協會、倡議團體、社區大學、社區營造學會都待過，因此對很多社會議題有比較深入的接觸。我的身分是同志，當然也投入同志運動。

太陽花學運發生的時候，我在台南新營社區大學工作，距離台北很遙遠。那時台南也有很多人響應，我就近參與，再就是在自己的臉書和網路上關切和聲援。其實我的弟媳是陸配，我的舅舅也在中國做生意，對我來講，並沒有那麼討厭中國，進出中國，也不覺得有什麼不對。太陽花運動有大量的反服貿論述，確實讓我深切感覺到台灣自主性的重要。這個大型學運對我最直接的衝擊就是：原來，台灣獨立這麼重要，沒有獨立，台灣的主體性就要被統派搞垮了。

當雲林風土和政治工作銜接

二〇一五年，我到雲林崙背的貓兒干文史協會工作，我很喜歡那裡的環境。很多人覺得，比起都會地區，雲林明顯落後許多，我一個碩士為什麼要到雲林工作？月薪才兩萬八，是我所有工作中薪資最低的。當時還沒有高鐵，雲林的交通並不方便，但是我覺得這就是我要的，一個什麼都欠缺的地方，才是最容易看到改變的地方，因為它什麼可能都有，資源豐富的六都並不需要我去。可惜協會總幹事年事已高，不想承接大案子養員工了，當時我的男友在台中，我便打算在台中一帶找工作，輾轉在中部不同城鎮做了許多不同的工作。

二〇一七年，一位雲林的朋友得知時代力量在找尋黨工，就推薦我與黨部主委林郁容醫師談談，我就這樣進入時代力量雲林黨部。當時廖郁賢已經在黨部工作了一個月，她的年紀比我小很多，林主委便讓我擔任辦公室執行長，賢擔任副執行長。進入政黨工作，當時滿多朋友都很驚訝，也有幾個朋友覺得我很適合。我大學階段念的是大眾傳播，所以想像自己日後的工作領域會是大眾傳播業、公關公司之類的。南藝是我浪漫的來源，

傅銘偉於貓兒干文史協會工作時期。

唸完南藝大研究所，我再也無法回到大眾傳播和公關的工作領域，而是帶著馬克思理論去實踐的理想。進入時代力量雲林黨部工作的心情，大概就是如此。

我本來並沒有特別的政黨色彩，二〇一六年總統大選，我還把政黨票投給綠黨，而不是時代力量。有朋友在地球公民協會裡工作，我知道他們很認真，就想給小黨一個機會。我和男友商量，我不想再做NGO那些招標或申請補助的工作，一直忙著政府的標案或補助案，花很多時間處理行政事務，政府根本就是很像顧客去菜市場買菜，還硬要人家送蔥，一個NGO的獨立性，常常就這樣被磨滅了。進時代力量黨部從事政治工作會非常忙碌，因為政治工作沒有上下班，必須隨時待命，全力以赴，很難兼顧男友想要的小確幸生活，就這樣，我與男友漸行漸遠了。

在時代力量黨部工作，前前後後五年。一開始，我覺得時代力量很棒，很有理念，尤其是性別多元的主張，對性少數非常友善，新北市黨部甚至有跨性別的工作人員，所以我很有認同感，加入這個政黨，我很自在。起初我們感到這個政黨的內部很平等，像是廖郁賢、黃郁芬這些年輕人都很有主見，也很熱血。大概每個星期，各地方黨部會一起連線，與秘書長和秘書處開會，聽各個地方黨部的經驗，大家很樂於分享，派系差別並不明顯。漸漸地，在會議上我們好像變成大砲，因為我們會一直提出問

廖郁賢和傅銘偉在時代力量雲林黨部，2018年。

題。不過，整體狀態是可以接受的，尤其地方黨部很自由，林郁容主委並不多管事，只要經過報備，他就放手讓廖郁賢和我自由發揮。

二〇一七年和二〇一八的那兩年，我和廖郁賢在地方上玩得很開心。賢有豐富的學運經驗，我在NGO待久了，學運和社運的經驗都有，就把NGO的活動拉到黨部來辦。我們也到台中和高雄等等地方黨部交朋友，看看大家用什麼創意經營地方黨部。比如我們會辦紀錄片放映討論會，也辦過談農業議題的農村體驗營，還有許多不同議題的演講，基本上都是從我的經驗中延伸出來的。二〇一五年，我在崙背貓兒干文史協會工作時，附近二十個鄉鎮我大概跑了七、八成，有一定的認識和情感，許多文史資料，我甚至都比雲林人還了解。舉例來說，廖郁賢的爸爸——廖家德先生二〇二三年去世的時候，訃聞上不寫他姓廖，而寫姓張，很多人對我們說，是不是印錯了？其實並不是，一直以來，雲林當地都有「生廖死張」的傳統，也就是生前叫廖某某，往生之後，名字改成張某某。

說起這個傳統，有人說源自於明朝，有人說可以上推到元朝，相傳元順帝年間，一個名為張願仔的男子為了避白蓮教之亂，逃難到詔安縣，當地仕紳廖化膝下只有一女，於是招贅張願仔，若是生兒子，從母姓為廖。張願仔感念老丈人賞識，在臨終前吩咐兒子活著要姓廖，以示不忘恩德，但死後要改姓張，以示不忘本，這個習俗就這樣留傳下來，成為「生廖死張」的特殊現象。目前在台灣大概只有雲林某些鄉鎮還保有這個傳統。從事地方文史工作，常會得到這種很有意思的奇妙知識。

二〇一八年的九合一大選，時代力量的選舉成績不錯，廖郁賢也當選了雲林縣議員。當時的時代力量是個都會性格很強的新政黨，雲林黨部和宜蘭黨部交給同一位主委，這樣就可以看到這個政黨對地方黨務有多麼不力不從心。我們在地方做什麼，說實話，中央黨部不會管也不想管。林郁方主委其實是用很傳統的方式管理地方黨部，設想地方選舉參選人的時候，他拿了一張名單給我們，要我們去面談，看有沒有適合代表時代力量在雲林參選的人。名單上的人選良莠不齊，我甚至看到曾經參與張榮味家族立委輔選的人物，完全不可能與時代力量的理念契合。最後我和廖郁賢商量，與其抓瞎似地找一些既不知道時代力量、自己也沒有什麼理想的人，倒不如她這個在雲林長大的年輕人出來參選。

賢常常說，她被我說服參選二〇一八年的雲林縣議員，有一個主要理由是我說她一定選不上，但可以幫時代力量打知名度。確實，二〇一八年的選舉對我們兩個而言都是第一次，當時黨中央也沒有人有在雲林參選的經驗，他們提的建議也沒有實際驗證過。例如黨中央說，地方選舉應該去拜會村里長，我們確實嘗試這麼做，結果吃了好多閉門羹。我們慢慢才知道哪個村里長支持哪個政黨或屬於哪個派系，早已根深柢固，一時之間，我們是插不進手的。

廖郁賢和我確實是不懂選舉的人，但二〇一八年競選時，我們有一種合作無間的分工模式：我負責幕後規劃和決策，廖郁賢負責拿麥克風和手機直播，大聲對外宣揚理念。在當時整個社會想要支持第三勢力的強大氛圍下，我們以這樣的方式得到選民注意，到了選舉後期，我就評估廖郁賢會當選。

那一年，時代力量的氣勢很旺。說來好笑，廖郁賢放著自己的選區不顧，到處幫時代力量其他候選人助選，像是苗栗的曾玟學和新竹的廖子齊，還有同樣在雲林不同選區參選的鍾政翰，只要有人邀請，她就去為時代力量的候選人搖旗吶喊，完全沒有計較車馬費，真是有種一起打天下的氛圍。當時很多位時代力量的立法委員也為黨內候選人站台，不過主要在都會地區，因為黨中央並不關心六都之外的選區，所以並沒有安排黨內大咖到雲林為廖郁賢助選，甚至沒有提供資源讓我們租用宣傳戰車，我們只好改裝廖郁賢爸爸載送香蕉的發財車。時任黨主席的黃國昌和秘書長陳惠敏一直不肯到雲林來，直到選舉後期，賢公開批評，黃國昌終於才來一次，陪著我們站宣傳車。因為關心和支持黨內年輕人的選情，在賢的邀請下，立委林昶佐南下數次，陪我們掃街拜票。開票後，林昶佐和邱顯智輔選的新人成績不錯，有辦法在新竹市和台北市各選上三席，在議會組成黨

傅銘偉（中）在時代力量雲林黨部，2018年。

團。對於時代力量，我們原本是有期待的，也努力地經營。二〇一八年當選的時代力量地方議員，在各議會都表現得不錯。我們的確不懂政治，如何當議員也沒人傳授，就老老實實地準備質詢，監督政府。看到我們的質詢內容，許多支持者和其他議員的幕僚都很驚訝地說，這完全是立法委員的規格，雲林縣議員的質詢，從來沒有這麼認真又有內容。該做到哪裡，我們哪裡懂得？就是一路摸索，全力以赴。

廖郁賢剛就任議員的時候，時代力量黨中央告訴我們，不能加入其他黨團。依照雲林縣議會慣例，並沒有不加入任何黨團的議員，一個議員的質詢時間，就只能分到八分鐘。想要質詢的所有內容，廖郁賢都必須在八分鐘內問完，結果進步神速。我們團隊的第一年，就是經歷這樣鋼鐵訓練過來的。很有意思地是，廖郁賢就這樣，用八分鐘打出名聲來，整個議會都在說，一個年輕妹妹，怎麼有辦法質詢得這麼好，所以民進黨的善意就來了。為了一件陳情案，一名西螺的支持者找廖郁賢幫忙，我們表示沒有足夠的質詢時間，結果那位支持者主動與民進黨的黨團喬時間給我們利用。後來議長認為廖郁賢的質詢不錯，於是告訴議事人員，以後多給廖郁賢議員一點時間，我們的質詢就從原來的八分鐘變成十五分鐘，共有八場可用。

在地的行進，生活即政治的實感

二〇一九年，時代力量開始轉變，到了二〇二〇年，就是大家所看到的，黨內派系分裂，黃國昌主席有他的想法，帶著子弟兵鬥爭所謂的決策委員會。廖郁賢和我根本沒有追隨什麼派系，我們與很多人都很熟很好，關起門來或許有辯論，出去就是自家人，一致對外。如果要尋找蛛絲馬跡，我認為黃國昌心機藏得很深，他安排了許多人進入黨中央，培養自己的子弟兵，把持了很多資源，同時在黨內排擠其他人。

廖郁賢的四年議員在任期間，在議會監督政府這項工作，我做得很開心，真的沒有想到我過去在NGO或是社運的工作經驗，在議員這四年期間都用上了。比如說我們談性別議題、婦幼議題，我可以很快地找到相關資訊，串聯相關領域的人，有點像是做報告，這些功夫都是我在NGO練出來的。我幫廖郁賢準備好，她就可以在議場上表現出來，做一些我們想做的改變，這讓我還蠻開心的，很樂於當這樣的幕僚。

辦活動也用得上我的經驗。我們的團隊小，但我可以得心應手地規劃和執行自己想做的事情，邀請熟稔不同領域的人擔任我們的議題專員幕僚，為我們做專題研究。我會想辦法和地方政府連結，串聯大家，玩出很多東西，例如雲林民間自發性活動，是我去尋找地方團體、地方的商家，

傅銘偉在雲林深耕論壇，2020年。

慢慢經營，先辦了一場青年論壇，大概五十多人參加，然後才長出「地方深耕派對」的每個月沙龍聚會，後來又發展出對外宣傳的活動「雲林的一百種生活」。這些都是讓我們很有成就感的事。

我們看到同屆當選的台北市議員黃郁芬在台北推動「還我特色公園」，說他們如何把台北市的街道封起來辦親子活動。我覺得這點子好棒，民進黨這屆[1]不分區立委張雅玲長期推動特色公園，我們就在二〇二二年七月邀請她到雲林黨部演講，分享還我特色公園、親子公園的做法。我們也做了很多功課，還把員工旅遊辦在澎湖，會勘當地具有特色的公園。在NGO的工作經驗讓我比較務實，既不是理想派，也不會被制度限制，看到雲林缺少什麼，我們就到處搜尋和學習，很積極地消化、吸收別人的經驗。

再舉例說，廖郁賢希望主打青年政策，一開始，我們先串聯熟識的青年商家和朋友，這樣當然不夠，我們必須認識更多不同面向的雲林青年，才可以告訴縣府，有很多在地年輕人，也有很多返鄉創業工作的青年，我們可以明確告訴縣政府，什麼才是雲林青年需要的。後來，廖郁賢在議會推動縣政府設立勞青處、青年事務發展科、青年事務發展委員會，後來還辦了許多青年相關活動。這些都是我和廖郁賢培養出默契的做法，先讓廖郁賢以議員的身分與民眾接觸，了解民間的聲音，再把這些資訊轉化成議

傅銘偉（右二）及廖郁賢（左一）在雲林同志大遊行現場，2020年。

1．意指第十一屆立法委員，任期2024-2028年。

場上的質詢，我們會思考如何行使議員的職權，要求縣政府做我們認為應該做的事情。

廖郁賢是年輕女性，時代力量又是個小黨，在議會裡，廖郁賢和我會被打壓、欺負的異類，自從高中出櫃，我就很理解這種被霸凌、歧視的感覺，可是我有勇氣頂回去，反駁回去。我們反擊的方式，是高調地把彩虹旗幟放在我們的文宣品和自己身上，接觸選民或政界人士的時候，我從不隱瞞同志身分，把性別平權當作我們的主要政治訴求。具體的成績就是舉辦了第一屆雲林同志彩虹大遊行，爭取到在雲林縣政府設置性別友善廁所，我還讓我們的選民可以接納我，對我的同志身分完全不以為意。

從事政治工作，不帶著浪漫是做不下去的。我的體驗來自我在議會裡面的工作，一個人不能只有理想，必須要與意見不同的人有一定程度的妥協。議會就是一個小社會，必須自己去斡旋去折衝，不然寸步難行。舉性別議題為例，我們當然希望能像都會地區，多方位施行各種性別平權的政策，但是在雲林就是沒辦法一步到位，我們的妥協是把理想高高掛著當作目標，但自我鼓勵：一次只走一小步沒關係。廖郁賢於是努力推動阻力比較小的多元性別廁所，她從議會開始，然後到縣政府各局處單位，逐步要求設立性別友善廁所。後來就有人戲稱她是「廁所議員」，但我們達到目的了。雲林縣政府設立性別友善廁所，這是廖郁賢第一任議員任期內最具體的政績。

對於同性戀，廖郁賢的爸爸媽媽原本不太了解。我是賢的貼身幕僚，常常要幫忙處理廖家事務，相處五年之後，賢爸賢媽完全接納我。我就像是家人，幫忙調停賢與家裡的紛爭，所以賢爸賢媽很愛我，知道我是真心幫助他們的女兒。我一直以較不陽剛的同志自居，因此他們把我當成乾女兒看待。賢爸賢媽先後住院時，我也一起輪值，到醫院照顧他們。在賢爸的告別式上，廖郁賢的家人便在訃聞上讓我列名「孝義女」，也讓我以義女的身分，和廖郁賢以及兩位弟弟一起叩拜答禮。

平等和尊重，社會運動和宗教的人世交集

在地方上，其實我們與民進黨很友善，二〇二〇年立委選舉那次，我們甚至去幫民進黨的候選人劉建國站台，民進黨的黨員還特別表達謝意，並且說劉委員交代，如果支持者家裡可以分一些政黨票，請分給時代力量。廖郁賢也會看議題，在議會與民進黨合作，一起連署議案，也曾經合開記者會。地方經營就是這樣，和可以合作的人合作。

二〇二二年競選連任這場選戰，與四年前的狀態大不同，可說充滿內憂外患。廖郁賢是現任議員，同時是許多同僚的眼中釘，她必須一面問政

一面參選，還要提防議會對她的不友善小動作；其次，時代力量在這次選舉也不是助力，反而是在打壓自己的黨內同志，光是競選期間無預警地收走黨部辦公室這件事情，我們就不知花多少力氣去處理、應對。再就是賢媽的健康狀況亮紅燈，賢爸和賢弟都去照顧她，對一個獨立參選的候選人來說，少了家人全力投入，我們連掃遍選區內六十四個村里都覺得吃力。做為競選總幹事，我真的是左支右絀，心力交瘁。

敗選之後，我的感想就是，有權力與沒有權力，感受到的人情冷暖真的是差很多。政治非常消磨人，心臟不夠強的人是沒有辦法應付的，要為公眾服務，一個人自己就要縮得很小。我一直說，從政是一件有理想的浪漫行動，即使經過四年磨礪，加上敗選的經歷，我可以說，我的理想與浪漫還在。回想我們在廖郁賢議員任內那四年，我可以非常問心無愧地說，在接受選民陳情或做各項議題的時候，我們確實都盡心盡力。但是，讓我有點難過的是許多選票流失，與我們的努力與否沒有直接關係。最明顯的例子是，我們花很大的心力去幫林內鄉的居民出面與政府交涉，解決瀝青工廠的汙染問題，結果我們二〇二二年在林內鄉的得票數，居然比二〇一八年少很多，這讓我很震驚。我們抱持理想去為人民解決難題，現實上，他們的選票未必就會給我們。

二〇二二年敗選之後，我們終究在二〇二三年加入了民進黨，這是一

傅銘偉於廖郁賢競選雲林縣議員連任期間，2022年。

種別無選擇的選擇。如果說，我參與社會運動，認為小黨就是有別於藍綠的選項，可以相對沒有包袱地談論自己想談的議題或政策，這是我們在時代力量時的感受。只是隨著時代力量整個黨中央惡鬥與分裂，我們也很受挫，原本對它那麼有期待，覺得大家可以一起做些什麼⋯⋯黃郁芬、林亮君、黃捷、曾玟學他們陸續退黨之後，很多朋友問我們，為什麼還留在時代力量？那時我們正在準備競選連任，還有雲林黨部和黨工要妥善處理，實在不能說走就走。其實宜蘭地方黨部辦公室主任郭稟翰的處境也相同，堅守在地方黨部，繼續做該做的事。因為被我們說服，很多人才入黨成為黨員，怎麼能不好好處理，掉頭就走？

廖郁賢議員任內那四年，我們有完整的團隊，有充足的幕僚幫忙搜尋議題、準備質詢資料，把觸角伸出去。廖郁賢尋求連任失敗最直接的影響，就是團隊縮減到我和廖郁賢兩個人，所做的事情必須更聚焦。我們希望還是緊扣著地方青年的政策議題，同時要學著申請小額補助，比方說我們創辦圓仔花人民會館，這樣的空間會有補助可以申請與使用；地方論壇可以向內政部申請小額補助。我們還打算參加一個「兩岸三地論壇」——濁水溪的兩岸，以及彰化、雲林、南投三地——把這三個地區志同道合的年輕人串連起來，談農業發展、產業發展和在地文化，希望可以建立大家對於家鄉的認同以及文化自信。

在廖郁賢議員任內最後一段時間，我們一直在議會當中談文化自信。雲林人一向覺得自己的家鄉不夠好，貧窮，沒有光榮感，沒有自信心，我們希望可以繼續強化這個議題。當然，我們加入民進黨後，如果有相關的議題可以發揮，比方說農業方面的議題、地方藝文的議題，我們當然也就全力經營。比起在新成立的時代力量，雖然有創黨時的光環，但我們也得努力找資源去供應黨的發展需要。變成獨立政治工作者的時候，的確有單打獨鬥的感覺；加入執政的民進黨，資源確實稍微多一點，很多想做的事情，只要願意做，找資源來執行並不是最難的，如何達到設定的目標，才是真正困難之所在。舉例來說，圓仔花人民會館進門處，大家會看到一張雲林地圖，那是用雲林的特產和特別的地標所組成的。我們都很喜歡設計那張地圖的藝術家張肇容，預備和他長期合作，開發以雲林為主題的文創商品，比方雲林地圖桌遊。

年輕世代參政，就是不信任藍綠兩大黨，覺得在小政黨裡，我們更可以守住初衷。但是，自己加入政黨後才知道，政治真的好專業，光憑熱情和理念是不夠的。二〇二二年，我們被迫退出時代力量，變成無黨籍候選人，單打獨鬥，實在覺得太無依無靠。敗選之後，我對廖郁賢說，三年後，我們東山再起，我繼續當她的幕僚。

寫碩士論文期間，有段時間很難睡好，在男友推薦下，我去法鼓山的

傅銘偉（前）與廖郁賢（後）參加斗六走讀活動，2024年。

佳里共修處打坐，學習禪修，果然身體很放鬆，可以休息，打坐就成為我生活的一部分。不過，研究所的訓練讓我對每件事情都習慣問為什麼，想理解背後的知識系統，不是經過他人或第三者詮釋的入門書，而是閱讀原典，這樣我就很自然地親近了佛教。多年下來，我深覺宗教講的，其實是對人的愛與關懷，我慢慢理解到我與佛教這麼有緣，是因為佛教講的就是眾生平等。回到社運的領域，不論什麼議題的社會運動，都是希望人人都能夠得到該有的尊重與權利——這其實就是一種宗教情懷。

我一直很清楚自己要做什麼。研究所畢業後投入社運工作，再到NGO，然後有機會跟著議員進到議會問政，對我而言，方向是一致的。有權力的話，很多事情可能處理起來會快一些，沒有了政治權力，我還是會做同樣的事情，只是可能慢一點。所以我希望能成為一個更堅強的人，更勇於面對外來的考驗。二〇二四年，我和廖郁賢參加了雲林山線社區大學的斗六走讀課程。我們必須要讓自己走出落選的沮喪，靜下心來，重新認識雲林，找回我們的初衷，這是很重要的。

練就政治的手藝與廚藝

郭稟翰

二十歲，學生（中國文化大學觀光系）

三十歲，政治工作者（陳俊宇立法委員助理）、廚師（阿芳鹹粥負責人）

政治人物、選舉造勢，家人和學校交織的影響

我家在板橋。記得有一張我上小學之前的照片，場景是家裡的沙發，我的頭上綁著蘇貞昌的競選布條，還拿著他的旗幟。我們家也有很多選舉海報、旗幟，還有蘇貞昌選台北縣長時電火球之類的競選小物。那是我和政治最早的接觸。因為不想上補習班，小時候我什麼都學：舞獅、童軍、弦樂……也參加校了內的舞獅隊和絃樂隊。國小時期我滿喜歡馬英九，而我媽和姑姑則是馬英九迷。有一次，舞獅表演後，大家跟時任台北市市長的馬英九合照，我和他握過手，後來想想，長大後那麼衰，可能和他握過手有關係吧。

開始比較有自己的政治想法是在國中一年級紅衫軍倒扁運動的時

候。[1]我讀的宜蘭慧燈中學是一所私立學校，校方採取美式教育作風，不僅不禁止學生看電視，還讓學生看民視新聞台。我從小就有正義感，反對貪腐和不公義，很關注紅衫軍倒扁運動，那場運動規模很大，反貪腐的訴求吸引了數十萬不分黨派的民眾。

三月十八日那天，郭爸爸說，你去立法院看看

二〇一二年開始，我比較有自主意識地參加社運活動，首先是反核遊行。[2]二〇一四年三月十八日當天，學生闖進立法院，那時候叫我去現場的，其實是我爸。他年輕時參加過學生運動，很鼓勵我嘗試各種事情，一聽到學生闖進立法院，我爸就叫我去現場看看。我正在念觀光系，隱約知道《服貿協議》對觀光產業有所衝擊——當時台灣開放大陸觀光團大量來台，已經出現觀光一條龍的問題，陸客來台遊覽，全都由中國業者在中國包辦，並沒有讓台灣的觀光業者受益，甚至壓低價錢，破壞行情；如果《服貿協議》通過，中國觀光業者可以堂而皇之地來台成立公司，對觀光業的衝擊會更大。於是我在三月十九日或二十日去了立法院，進到議場就沒有離開，直到二十幾天後，四月十日退場時才出去。

到達立法院現場時，當下氣氛很緊張，一直傳聞警察要攻堅，大家幫

忙看守樓梯口，層層把關，只有很少數的人才能夠進到最核心的小房間。起初我什麼人都不認識，被派去二樓的物資組，負責發送便當和物資。那一年我大二，對很多議題並沒有太多想法，多半聽大家討論。在立法院議場整整二十二、二十三天，我開玩笑說，我們奴性堅強，大家叫我們做什麼，我們就做什麼，像是把守出入口、整理環境、垃圾分類。後來每天早上我先確認一樓需要多少個便當，再向二樓的物資組回報數量。

各方捐贈的食物很多，初期有人送什麼大家就吃什麼，湯湯水水不易處理，便當最方便，導致之後大家便當吃到很膩，有一次，「戰地廚房」送了義大利麵來，林飛帆剛好在二樓，到物資室領取，我對他說，要跟我合照，才給義大利麵。我還有一張合照，也是出於名人崇拜的心態，那是跟黃國昌在二樓接待貴賓的大廳拍的。

有段期間，我們選出一兩名糾察，算是負責二樓的「頭頭」，她／他們要與一樓和場外的負責人開會，結束後回二樓傳達會議內容。在很多想法上，大家並不一致，對於什麼時候要退場，尤其沒有共識；大家也認為負責人之間那些討論並不是直接民主，因為還要透過特定幾個人對外轉達，大家就不服氣，質疑小圈圈決策的狀況，甚至想要自己編報紙。

有一回，黃國昌上二樓，想聽聽大家的意見，我們很不屑——他畢竟是老師，但在一群學生中，他好像自以為是微服出巡，所以我們並沒有歡

郭稟翰在立法院，太陽花運動期間，2014年。

1．2006年8月、9月。
2．2013年3月9日、10日。

迎他，還有人對他丟了一罐可樂。黃國昌什麼都沒講就出去了，從此沒有再上二樓。太陽花學運是我投入社運的開始。退場之後，二樓的夥伴有很多想做的事情，想成立協會或某種組織，這樣就需要有人管理財務，因為我負責物資調度，他們順理成章地找我幫忙處理，那時才發現：我還沒滿二十歲，不能獨立開設銀行帳戶！

佔領立法院期間，我認識了很多人，像是鄭麗君和青平台那些人，也在二樓認識很多美術組的組員，很快地和青藝盟混熟了。我還認識了好幾位導演，像是吳乙峰、劉新銳、柯一正。

參與第三勢力組建後，重返宜蘭，投入政黨黨務

太陽花學運後，我感覺很難回到學校正常上課，辦了休學，爸爸完全尊重我的決定，還同意讓我用退回的學費買攝影機，去拍紀錄片。我先關注街友的狀況，想拍攝有關街友的紀錄片，但很快就發現自己太年輕，心理沒有辦法承受那麼大的社會壓力，拍紀錄片的事情不了了之。

後來我和許多三一八學運認識的人，跟著柯一正導演參加各種運動，做志工，做活動主持，做社運需要鍛鍊身體，我們還特別找老師教授詠春拳。

郭粟翰於宜蘭宣講反課綱，2015年。

那段時間，很多夥伴都有要發展第三勢力的熱情，大家都在招攬志同道合的人，辦理政黨登記。我和很多夥伴一樣，相信參選可以帶來改變，民進黨在二〇一四年推出「民主小草」青年參政計畫，號召年輕人參加里長、鄉鎮縣市代表的基層選舉，我抱著學習的心態參加工作坊，希望學習一些參選的方法，但我沒有加入民進黨。我覺得無黨無派地建立公民社會就很有力量了，入了政黨，事情就變得不那麼單純。

二〇一五年，柯一正導演參與時代力量創立，我有點不認同，因此沒有跟隨，沒想到在朋友的盛情請託下，我還是半推半就，意外地成為樹黨的發起人之一，不過我還是沒有加入任何政黨。本著無黨無派的立場，我回到宜蘭，到慧燈中學帶室內樂社團，不久我發起了「反黑箱課綱，大學生陣線」，[3]透過宜蘭市民代表游國良，把宜蘭的NGO串連起來，也因此認識了宜蘭縣的縣議員薛呈懿。我到薛呈懿縣議員辦公室實習，當了一段時間特助，後來我騎著一輛摩托車，上面綁著反課綱標語到處跑，非常熱血，很瘋狂。

我有熱情從事的工作，始終是推動公共事務。不過，經過三一八學運和後來的反課綱運動，我覺得自己在街頭衝撞體制的熱情已經燃燒殆盡，因為街頭運動是在沒有其他選擇的情況下才進行的手段，很多夥伴都覺得應該進入體制，透過選舉成為民意代表，在體制內進行改革。

3．反高中課綱微調運動，2015年5月至7月。

二〇一七年，我快要大學畢業，隔年即將舉行九合一大選，在那個暑假，我和宜蘭一群關心政治的人，共同辦了「就是要選，新政復古營」，透過這個營隊號召大家「站出來，談政治」。籌備這場營隊時，我認識了林正芳老師，他準備要代表時代力量參選，八月間有一天，林老師約我在宜蘭運動公園邊的全家便利商店碰面，談好到時代力量宜蘭黨部工作，職銜是辦公室主任——不過，我這個主任下面，一個員工都沒有！

（革命）情感牽動，政黨和參選公職成為選擇

除了林正芳老師邀約，我加入時代力量，主要是因為柯一正導演。二〇一六年，他被提名為時代力量不分區立委人選，我當然要支持，畢竟我們有革命感情，那年一月九日，時代力量在濟南路辦第一場立委競選造勢活動，我就去共襄盛舉了。時代力量有許多理念我可以認同，並特別喜歡他們性別友善的態度——當時的時代力量甚至有跨性別的黨工。答應進宜蘭的時代力量黨部時，我還不會開車，騎機車跑行程，全宜蘭到處去。時代力量希望遍地開花，各處推人參選；我本來就不排斥參選，可以做一點事情，這樣很好，沒有想太多，也不覺得有多困難，便決定參選宜蘭市的市民代表；那時候比較勇敢，天不怕，地不怕。雖然代表時代力量參選，

但是政黨剛成立，沒辦法提供奧援，選舉保證金得自付，選舉一切都得自己來。我很清楚時代力量當年關注的，主要是都會區的議員選舉，我們在宜蘭參選，就是為黨出征，擴大知名度。

二〇一八年參選市民代表，我因此認識了很多打著時代力量旗幟，初次參選的二、三十歲年輕人：參選台北市議員的林亮君、林穎孟、黃郁芬、吳崢，還有參選苗栗縣議員的曾玟學、參選新竹市議員的廖子齊、參選高雄市議員的黃捷、參選雲林縣議員的廖郁賢……大家互相幫忙站台掃街，很有革命夥伴的感覺。尤其是雲林的廖郁賢，宜蘭和雲林這兩個農業縣，當時的地方黨部由同一名黨部主委管轄，等於我們的老闆都是主委林郁容醫師，所以比較有互動。

開票到了最後階段，只剩廖郁賢和我的狀況懸而未決——結果，她當選了，我落選了，距離當選門檻差一百多票。選後我們團隊的人各自回去工作，只有我是落選人，並且沒有工作，所以，對於選舉，我最大的心得是：不要輕易鼓勵年輕人參選，因為他沒有其他工作資歷就投入選舉，選上了當然就當民代，敗選了，他會不知道他要做什麼。

政治作為一門手藝，黨部結合鹹粥店

我本來是時代力量宜蘭黨部的辦公室主任，選舉結束，地方黨部還是要繼續經營，可是黨中央無法提供太多資源，於是我和林正芳老師想要開店來支持黨部。林老師擅長廚藝，家族經營餐飲業，二〇一六年，幫吳紹文競選立委時，林老師就開著一台小發財車，到競選活動現場煮鹹粥給大家；我很愛做菜，很小就自己做早餐，對餐飲業確實有興趣，於是我們商量：既然不太擅長募款，我們不如開一間小店，經營餐飲，黨部就在小店二樓，用開店的方式支應地方黨部，這樣就開了「阿芳鹹粥」，營運黨部之餘，還可以讓一些年輕人來工作。這樣做實在很累，太瘋了，不推薦大家這麼做。

因為鹹粥店，我與宜蘭很多店家組成了一個聯盟，研究傳統的宜蘭料理。我非常喜歡《總舖師》[4]詮釋料理的方式，每樣料理都有淵源，所以我開始做控肉、滷味這些傳統菜品。滷味算是林正芳老師家族餐廳的強項，我努力向他學習；控肉則是我的拿手菜，我按照自己喜歡的口味調整三層肉的肥瘦比例和調味、火侯，做成了阿芳鹹粥的招牌菜。

二〇一九年，時代力量已經有好幾個派系，主要是與民進黨較友善的友綠派和怕被叫做「小綠」的當權派——政黨內有派系，我不認為是錯

郭稟翰於阿芳鹹粥廚房，2024年。

的，我曾經支持黃捷、黃郁芬、林穎孟、廖子齊、廖郁賢五個女生組一個派系；她們都是太陽花學運出來的，有想法也有戰力，可以代表年輕世代在黨內發聲。可惜二〇一九年黨內決策委員會要改選，大家太急著衝高黨員人數，各自對外招人入黨，以便增加自己參選決策委員的利基，這些動作太早顯露企圖心，被黨中央找名目陸續懲處，後來她／他們於是相繼退黨，很可惜。我是「同謀」，連帶被懲處，地方黨部主任委員的職位被拔掉了，所幸我們和宜蘭的環保團體關係友好，就向陳椒華黨主席推薦了環團的康芳銘來擔任主委，我改當執行長，還是繼續經營「阿芳鹹粥」，養宜蘭黨部，畢竟我們推薦的主委是社運出身，也沒什麼資產，說好大家一起扛，先保住宜蘭黨部，其他再說。

路線和理念分歧，離開的與留下的人

二〇一八年的九合一選舉，時代力量獲得的結果算是不錯，隔年因為黨內路線之爭，林昶佐宣布退出時代力量，接著許多公職人員陸續退黨，我們在宜蘭沒有捲進黨中央的紛爭，還是努力做應該做的事情，特別是青年政治培訓，因為這個政黨成立之初得到年輕人的信任與支持，應該要好好經營，鼓勵更多有志從政的年輕人加入。

郭稟翰任時代力量宜蘭黨部主任委員期間，2019年。

4．陳玉勳導演，2013年上映，入選第64屆柏林影展美食單元。

二〇一五年到二〇一九年，時代力量黨主席是黃國昌，作為地方黨部的黨工，我們去中央開會，問黃主席任何事情，他的姿態都是高高在上，要我們去問主委，但地方黨部的主委並沒有實權，問了也無法解決任何事情。就這樣，我很早便看透黨中央的虛有其表。地方黨部的黨工不受中央重視，這樣反而自由，時代力量各個地方黨部的同志都知道，宜蘭黨部是自主性很高的黨部，自行發展地方組織，如果時代力量所有地方黨部都和我們一樣，發展地方組織，情勢一定會很不一樣。我會聯合觀念比較相近的地方黨部，一起做一些事情。例如雲林黨部辦青年論壇，我們會幫忙召喚各地方黨部的朋友前去參加；我還在二〇二一年找了雲林黨部的廖郁賢、苗栗黨部的宋國鼎、新竹黨部的廖子齊等人，一起組織「非都會連線培力營隊」；花蓮黨部和嘉義黨部的朋友與我們的互動也很好。可惜黨中央自顧不暇，對我們地方黨部所做的事情毫不重視，我們的聲音完全沒被聽到。

我們在宜蘭黨部與其他政黨關係良好，若不合作，在地方上什麼事都做不成，所以我從來沒有感受到黨中央害怕被稱作「小綠」的焦慮。我一直認為，只要理念相同，不同政黨應該要合作，所以我很早就說自己是小綠，到現在我還會說，我是時代力量最後一個小綠。

二〇一九年開始，時代力量才創立沒幾年，因為理念不合，很多人紛紛退黨。若我們去看民進黨，也不是沒經歷過黨內的紛擾。要撐過去，才有機會。退黨的人裡面，很多是我的朋友，我了解他們在黨內使不上力的感受，但我並不是很認同這種做法，大家還是應該要再努力看看。有人的退黨理由，是不想讓時代力量撕裂得更慘烈，希望個人離開會讓黨團結起來，這是不可能的。我沒有挑戰離開的夥伴，但很很想問他們，有辦法創個新的黨嗎？如果另起爐灶，創個真正執行時代量宗旨的政黨，有一樣的價值與理念，我就直接拆時代力量的招牌給他們用！

撇開黨內派系鬥爭，在地方上，時代力量還是可以扮演重要的角色，如果沒有時代力量認真做事的地方黨部在各地宣講，很多議題，例如農業、守護水源抗爭、多元性別友善政策，可能就沒有辦法被看見。這是我們繼續撐下去的動力，我選擇留下的原因。

個人的就是政治的，從黨際到人際，各種微妙的張力

二〇二〇年，林郁容主委退黨，宜蘭黨部主位懸缺，經由大家推薦，我接任宜蘭黨部主任委員。我不怕被貼小綠的標籤，在宜蘭還繼續與民進黨合作，但我會表明，我是時代力量的宜蘭黨部主委，有事情就與民進黨的主委，直接以黨對黨的模式商談。同樣是二〇二〇年，陳俊宇當選民進

郭稟翰與黃捷、廖郁賢、林易瑩於雲林宣講，爭取時代力量政黨票，2020年。

黨地方黨部主委，我還在他的臉書專頁恭喜他當選。那是基本禮貌，以政黨主委的角色恭喜另一個政黨的主委，大家可以合作，可以互動。

也是同年，民眾黨插旗宜蘭，他們找了一個大大「反同」的人當主委，所以我公開表態，只要這樣的人當地方黨部主委，我們就不會與民眾黨合作，也不會出席他們舉辦的任何活動。跨黨派合作是要有原則的。

二〇二〇年六月二十日，我登記結婚。我一直都知道自己是雙性戀者，只是喜歡的女生比較少。在慧燈中學住校那六年，同學們會去追女生、交女朋友。和女友分手後，好像我交男朋友也可以，沒有什麼內心衝突。我的高中導師宋仁正非常開放，會和我們談同性戀議題，也談社會議題，我們做什麼，他都很支持，到現在我和他的交情還是很好。宋老師對我們說，到大學還歧視同性戀的話，我們會被大家歧視。

我完全沒有是否出櫃之類的內心衝突，很多人有，但我覺得沒有正式出櫃的必要。可能以前的時代保守封閉，大家覺得同志是少見的，所以同志身分需要表明。現在這個時代就不需要了，既然異性戀者不需要到處和人家說他／她是異性戀，那我也不需要主動告訴大家我的性取向，因為我與大家是一樣的：我是同志，你是異性戀，這有什麼差別？

我的爸媽其實都知道我的性取向，因為我大三那年參與文化大學性別研究社，當時的大學社團活動多半以聯誼為主，我卻帶大家討論婚姻平權議題，還找了台大、淡江等大學相關社團，一起到萬華同光教會辦社團交流會，開始全台串聯。二〇一七年，推動婚姻平權法案，那是離通過最接近的一次，我們發起全國十萬學生大串聯，聯合北中南東四地的大專院校相關社團同時開記者會，嗆聲反同的護家盟。這個活動辦得很大，我還上台代表學生發言，這樣我爸媽就知道我的性取向了。爸媽的反應確實比較大，我聽說爸爸一直在拜拜，向祖先說對不起，但平時相處，我們還是沒有特別去戳破這些事情，從來沒有談這個話題。

登記結婚這件事，我也沒有和爸媽提起。那時我與我老公同住，媽媽會來走走看看，有一次媽媽看到桌上的戶籍謄本，發現我們已有婚姻關係，反應很激烈，鑰匙一丟，傳訊息說：「我要跟你斷絕母子關係！」就這樣，媽媽三年不和我講話，爸爸倒是一直以平常心對待，每年過年還會包紅包給我老公。慢慢地，爸媽還是接受了我的婚姻。二〇二四年總統大選前，時代力量在台北市舉辦選前之夜大遊行，我老公和我爸媽都來陪我一起走，這一年春節後，我主動說要帶老公回家吃飯，才打破了為期三年的冷戰。

在民進黨裡，我的同性婚姻狀況不會是問題，在宜蘭地方上卻可能有人會在意。我不隱瞞，但也不太喜歡遇到不熟的人就出櫃——還不認識我之前，對方就知道我是同志，很容易貼標籤。其實熟人都知道我的性取

郭稟翰與法定配偶於家中，2024年。

向，有些長輩需要解釋，這就比較麻煩，在宜蘭的東嶽廟裡，我有一些很好的朋友，認識兩、三年之後，我才會對他們坦白我的同志身分。

在複雜的政治情勢中看見真相，堅守目標

二〇二〇年，我已察覺民眾黨會是時代力量最大的對手，但是黨中央其他人並不這麼認為，甚至質疑我的判斷。當時黨中央的團隊裡有很多政治計算，有人遲早要和民眾黨走到一起，但我認同的是時代力量的價值理念，有自己的政治判斷和選擇。是不是我這個世代對於政治的認識與實踐比以前的前輩更早熟？我不如此覺得。我的想法其實很單純——可能因為單純，才會看得到真相吧。二〇二二年，時代力量已然勢弱，而民眾黨的氣勢整個起來了。一開始，我只覺得柯文哲的民眾黨與宋楚瑜的親民黨一樣，不過是一人政黨，民眾黨的未來發展大概和親民黨一樣，隨著唯一的黨主席起伏，當下的盛況恐怕只是曇花一現，所以我並不看好它。要不是後來民眾黨內部鬥爭，宜蘭黨部的陳婉惠補上一席立法委員，接著又參選宜蘭縣縣長，基本上民眾黨在宜蘭沒有什麼聲勢，選後也沒什麼地方發展的空間，因為他們走的都是時代力量走過的道路，但比時代力量更無心經營地方組織。

二〇二三年四月，我受王婉諭主席之邀，去黨中央擔任組織部專員，我覺得王主席有心重整時代力量，可是她自己參選新竹選立委，忙不過來，力不從心。原本我們還策動她競選總統，反正選不上，不如打政黨知名度，把政黨票的票數撐上去，說不定就會越過百分之三的政黨門檻。[5]可惜王主席難以兼顧，很多想在黨內做的事情也沒辦法做，先前的內鬥、退黨等等負面事情太多，處理每件事，黨中央都小心翼翼，很怕重蹈覆轍，所以我後來工作得滿痛苦的。

時代力量最大的問題，在於一直應付短期的選舉，沒有讓社會大眾看到我們長期的目標。過去我們始終有路線之爭，比方說要不要和民進黨合作，但前提應該是：時代力量在台灣的定位與角色是什麼？弄清楚我們的方向，誰與我們一樣，我們就與誰合作，應該是這樣才對。以前民進黨的訴求是打破威權，實踐民主；現在的時代力量呢？我們訴求的是社會的公平正義——洪仲秋事件讓洪慈庸跳出來參選，小燈泡事件讓王婉諭站出來從政，她們都是因為不公不義的事件挺身而出。如果要在十年內拿下一席縣市長，時代力量就要有論述，比方要如何達到時代力量主張的公平正義或某些理想價值，不能只是爭權力、分地盤，唯有如此，每一次選舉的輸贏，我們才會知道要如何調整，趨近我們的目標。

就像民進黨訴求對抗威權體制，時代力量的我們，對抗的是這個社會

郭稟翰於時代力量黨中央辦公室，2023年。

的不公不義，所以需要有時代力量這樣的政黨存在，不能只想兩年或四年後的選舉，未來十年二十年，時代力量要怎麼做，要與什麼黨合作，都是為了達到這樣的目標，這樣去募款，大家看得到時代力量的願景，才會願意出資，讓時代力量培養人才，選舉時才有候選人可推出。這樣才會讓時代力量發展穩定，即使選舉落敗也不怕，因為知道從政的目標是什麼，可以調整腳步。

在二〇二四大選中，時代力量幾乎全軍覆沒，政黨面臨如何經營下去的問題。當選立委不久，陳俊宇就找我去幫忙，我確實糾結滿久，但我很清楚地知道，沒辦法繼續在時代力量內部工作了，選舉結束的時候，大家一籌莫展的樣子，看了讓我覺得滿灰心，既無心認真檢討，更沒有想到要如何捲土重來。

卸下黨職，繼續公共事務的實驗與實踐

二〇二四年，農曆新年後，我向王婉諭主席說，我要換換環境，去幫忙宜蘭的民進黨立委陳俊宇，我和陳俊宇本來就熟識，也互相認同彼此的信念，但我並沒有打算加入民進黨，因為大黨有大黨的派系，我又很挑剔合作對象，必須有一定程度的志同道合，才能夠一起工作。不過，我倒很

5．逾此得票門檻，即可獲得習稱之政黨補助款。參見《政黨法》第22條第1項：「主管機關對於最近一次全國不分區及僑居國外國民立法委員選舉得票率達百分之三以上之政黨，應編列年度預算補助之。」（2017年12月6日版）

想看看大黨如何運作，立法院內的運作又如何。

主席沒有留我，一方面時代力量真的沒有經費了，沒辦法聘僱黨工，另一方面，我也真的覺得台北的生活不適合我，這一年，在黨中央工作，時代力量實在讓我受太多傷，常常我忙碌到深夜，還是拖著疲憊的身體回宜蘭的家，只有在那裡，我才能休息、充電。

我年紀較輕，很多論述沒有辦法更清楚、深入，只能就實務提出概念，與大家討論，我們很需要時代力量十年政綱這樣的政策白皮書，但是現在的時代力量好像一切歸零，沒有人能夠好好統整論述。

還有一件很重要的事情：政治幕僚的安排。從政者最重要的事情之一，就是要關照幕僚。二〇二四年選完的時候，大家都知道時代力量實在沒經費了，黨部必定會縮編，這個時候，領導者最應該要做的事情就是安定軍心，想辦法協助幕僚找到新的工作，因為大家一定會很擔心自己的未來。

我很灰心的理由之一，是因為黨中央好像完全不在乎這件事情，這麼多優秀的年輕人在黨中央和各地黨部奉獻青春，說結束就結束，實在非常不知道珍惜人才。選後沒多久，政策部、新聞部和文宣部的主任就都被資遣了，這麼重要的職務，立法院正歷經大換血，有那麼多職位釋出，如果幫他們安排工作，多少可以保存實力，等待東山再起。對待下屬的方式這

郭稟翰（左）與Savungaz Valincinan（右）在青鳥行動現場，2024年。

麼粗糙，基本上就不是有格局的領導者。

我辭去時代力量黨職，進入民進黨團隊工作，他們沒有要求我退出時代力量，我也覺得需要加入民進黨的契機還沒出現，就先去幫忙陳俊宇，他畢竟是新科立委，至少讓他先進入正軌，讓大家認識他，等於要跟著他一起學習如何當立委這樣的意思。我在宜蘭與陳俊宇合作過，有些議題我提出來，他會說好，來試看看，我們還曾經聯合宣傳反核四公投。

對宜蘭整個縣，我有願景和想像——可以做好觀光和農業；這兩大領域就涵蓋了交通、文化等等很多政策細節。這與時代力量很不一樣，在時代力量，我們的位置是監督，沒有實權可以去執行；在民進黨這樣的大黨、在我現在的位置，很多我想做的公共事務，可以試著去做，那就不一定要再去參選。我已經在體制內了。

郭稟翰在台灣唸歌館前，2024年。

從社會運動到國際連結

曾柏瑜
二十三歲，學生（政治大學社會系）
三十三歲，政治工作者（台灣民主實驗室副執行長）

一段家族史揭露後啟動政治的驅力

曾榮德先生，他是我的爺爺。有一天，我們家在大溪的祖厝收到一個公文袋，黃色的牛皮紙袋裡面是曾榮德也就是我爺爺的解密檔案，那是一份判決書。白色恐怖時期，他是政治犯。袋裡還有一份國家賠償申請書。

爺爺當過政治犯，全家人大驚。我的奶奶並沒聽說過這件事，爸爸更不用說。我們只知道爺爺終生沉默寡言，絕口不提政治。他一九三一年出生，一九九一年去世。爺爺去世幾個月後，我出生了。

收到那個公文袋時，我已上小學，當總統的人是陳水扁。

自己的父親去世後才得知這段歷史，我爸爸很受挫。他們父子倆很親近，對於冤獄，他居然一無所知，即使檔案解密，我們收到的也只有判決書，既不知道爺爺在獄中的遭遇，甚至無法確認刑期。遭到冤獄的原因，經過我爸爸和他兩個哥哥研究，推測爺爺高中畢業後，鄰居家的後生要報考鐵路局，他替對方補習，被人舉報他們參加讀書會，導致爺爺和那後生被逮捕。

一九五〇年代，在大溪那樣的鄉下地方，高中畢業已經算高學歷了。我們推測，整起事件發生在爺爺和奶奶結婚之前。

為何爺爺和他的手足那麼疏遠，雙方家族可以說到了不相往來的程度，試圖爬梳爺爺的過往後，我們才有理解的線索——我結婚的時候，幾位舅公來了，可是我跟爺爺那邊的親戚並不熟悉，甚至不清楚爺爺有多少兄弟姊妹，可能有兩三個弟弟，兩三個姊妹。我只在很小還有我婚禮的時候看過他們，平常完全沒有往來，我喊不出任何名字，他們應該也不清楚我的名字，即使路上遇到，都不會認出彼此。爺爺那輩裡，他的學歷最高，供他求學已所費不貲，畢業後，還不能支持家族就遭到逮捕，為了籌措營救的資金，曾家不僅賣掉大筆田地，還得四處遭人冷眼，即使兄弟姊妹也滿懷怨懟。

我爸爸在成長過程中對政治很有興趣，而爺爺總是對他說，政治很危險，不要碰。得知爺爺遭受白色恐怖迫害後，政治就不再只是爸爸的興趣，而是超級狂熱——他到處搜集政治書籍、雜誌，大量小型的出版社，像是玉山社，排版像是教科書，超級厚，使我印象很深刻。小時候，讀完《艾瑪》、《傲慢與偏見》、《悲慘世界》、《雙城記》這些世界名著——很多並不太適合小孩閱讀，我想跟爸爸有共同話題，接著讀起他的書跟雜誌，講台灣史、二二八事件的……我深受影響，其中有些很難懂，我就問爸爸。

第一次上街頭是在讀大溪國中的時候，爸爸帶我去參加李登輝總統團隊辦的「牽手護台灣」，之後許多選舉造勢場合，我也和家人去參加。

二〇〇五年，還是高中生的王浩宇成立了「中華民國學生反髮禁自治協會」，鼓吹廢除髮禁。上國二的我很受鼓舞，競選學生會長，主張開放髮禁，還向教育局檢舉我們學校並沒有開放髮禁。我的導師很開明、很酷，完全不反對我們談戀愛，很包容我，在他眼中，我是個功課普通，愛發表意見，外務又很多的國中生。後來學校開放髮禁，我立刻染了紅髮，當作自我認同的行動。高中時，有次我剛好考了全班第一名。上台領獎，看到我的紅髮，校長非常生氣地對教官說，這樣的學生怎麼沒有抓？教官通知我爸媽，結果我爸媽說沒辦法，她自己決定要染髮的，還幫我說話，他們反問，這樣不算做錯事吧？

在抗議現場，一個高中生，以社會運動為職志

高中我意外地考得不錯，錄取武陵高中語言資優班。我很不喜歡有些同學的優越感，又覺得資優班很無聊，社團時間都被用來上法文，不能玩社團。有幾個同學跟我一樣叛逆，我們會蹺課去參加熱音社，學吉他，玩搖滾樂，不想一天到晚念書。

校內沒有異議性社團，參加陳抗活動，我都獨自行動，從大溪搭公車到桃園，再從桃園坐火車到台北，設法去參加反核遊行、秋鬥、同志遊行。爸媽對我很信任，讓我到處跑。我的高一導師對我很有耐性，鼓勵我報名人社營，了解人文社會科系究竟在學什麼。這個營隊設有遴選程序，必須準備審核用資料，還要面試，簡直像申請大學，獲選時我還得意了一下，真是很中二。

高一暑假參加的人社營對我的影響相當大，那屆在東海大學舉辦，為期一週，主要是請人文社會學科方面的教授和博士生帶我們認識不同的學科方向，大約以兩、三小時為單位，跟我們談哲學、文學、政治學、社會學等等學科。我們的隊輔是東海大學社會系的施聖文老師，他帶我們做了很多思辨的練習；范雲老師帶的女性主義課程也讓我印象深刻，此外就是助教帶領的小組討論。我覺得社會學系真是太棒了，當下確定社會運動是

我的終生志業。爸媽很不贊同我的想法，他們怕我以後做社會運動會餓死。如果從政，我們家一點相關背景和資源都沒有，他們覺得做政治工作，基本條件是家裡至少要有長輩當過鄉長或代表。

人社營對我的震撼固然很大，但過完高一暑假，我就申請到美國國務院的國際高中生交換計劃，通過筆試和面試之後，我被安排去美國佛羅里達州奧蘭多（Orlando）附近的一所公立學校——聖克勞德中學（St. Cloud High School），在那裡當了一年交換生。那一年，我的英文程度突飛猛進，更大的收穫是我的自信心大大提升。一年之後，我回到台灣，同學們都準備升高三，我還得從高二讀起，所以我和同學以及人社營認識的朋友之間有一個斷層。許多人社營認識的朋友，上大學後都加入異議性社團，並且串聯往來，我反而沒有。直到三一八學運，我才發現許多人都是人社營的隊友，之前已見過，只是斷了聯繫。

高三考完學測，確定被政治大學社會系錄取，高中最後半年的時間，我到大溪的解放咖啡館打工。老闆邱俊傑愛聽搖滾樂，經常聲援各種抗爭，他也鼓勵我關心社會議題，若要請假去參加抗爭活動，他就讓我去，對我影響很深。

上了大學，媽媽幫我支付學費和宿舍費，我還在學校兼職行政工作，也為學校附近的補習班改考卷，週末回解放咖啡館兼職，半工半讀地賺生

曾柏瑜與聖克勞德中學交換期間之寄宿家庭。

活費。政大的異議性社團相當不活躍，我忙著打工，沒有參加任何社團。大二時我擔任社會系系學會幹部，蹺課去參加各種抗爭活動，包括聲援大埔反拆遷行動，系上的黃厚銘教授不以為忤，還非常鼓勵我。我們在課堂上討論同志遊行，因為立場不同而有激烈辯論，但一切僅止於作為群眾參與議題。

大二寒假剛過完，有一天，我在解放咖啡打工，老闆丘俊傑忽然打開電視，就看到大埔的張藥房被拆掉的畫面。我前一個週末才請假去現場聲援，跟大家一起靜坐，怎麼過了一個星期，就眼睜睜看它被拆掉了？站在咖啡館裡，我淚流滿面。當晚我跟老闆說，我要離職，因為情勢太危急，我沒有辦法一面參與運動，一面工作，我得要選一邊。老闆一如往常地支持我，明明很缺人手，還是鼓勵我想做就去做。於是我就離職了，也開始生活拮据的日子。

大二升大三的暑假我沒有去打工，一有錢就儲值悠遊卡，跟隨馬英九和吳敦義的行程，他們到哪裡，我就和大家去突襲嗆聲。當時已經有人在宣傳反服貿，也在立法院外集結了幾次，但人數不多，聲量不大。接著我聽說九月份有人要辦反服貿工作坊，是學生為主的黑色島國青年和教授們一起組成的民主平台主辦的，我就上網報名。

二〇一三年九月舉辦的反服貿工作坊共三天兩夜，主要在說明服貿為

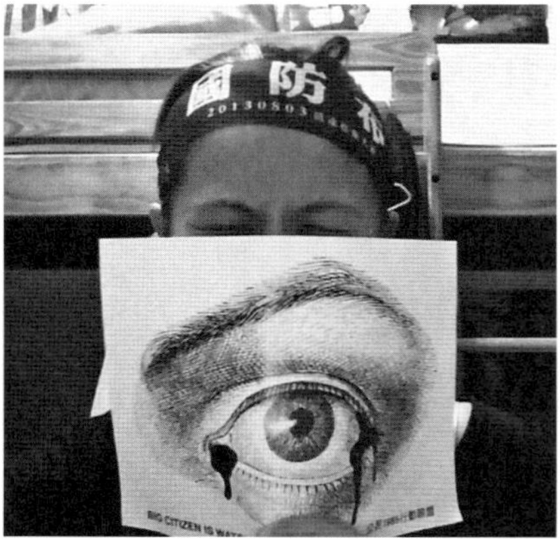

曾柏瑜為抗爭活動表態，2013年前後。

什麼不好：教授們從經濟、社會、法律的面向，談服貿的問題。黃國昌也是講師之一。營隊期間我發現主辦單位太缺人手了，於是主動幫忙，等到活動結束，他們就問我願不願意加入黑色島國青年陣線工作，我同意了。一進入這個組織，我發現根本是個空殼，平常線上開會，總是我一個人左等右等，只有抗爭的時候，大家才會出現，我這個新人立刻變成主戰力。

當時魏揚和陳為廷還在清大念書，林飛帆在台大，大家都有很多任務，每次跟賴中強他們開會，總是我做會議記錄，再轉給大家。賴品妤也參加了那個工作坊，她是固定來開會的五、六個人之一。還有幾位，當時已經不是學生，但很熱誠參與，現在還是我的好朋友。我正式加入黑島青，也在那個時候。

佔領立法院

我們都知道，二〇一四年三月十八日當天，立法院要審《服貿協議》條文，之前大家已經討論好要守在立法院外，於是跟公督盟合作，借了一小段路權，在那裡監看。大三的課比較少，三月十六、十七日我已經在青島東路，跟賴中強律師他們看現場直播。《服貿協議》用三十秒通過後，大家都很緊張，討論要怎麼辦，其中好像有黃國昌，還有賴中強跟幾個平常就一起開會討論策略的人，再加上幾個學生，到立法院附近巷裡的人間茶館，我們在那裡討論接下去怎麼辦。

有人說要衝進立法院，大家都反對。我們已經衝太多次立法院，從正門進攻，每次都被壓在地上，接著被帶走。我們認為不能再那樣，要採取長期的行動。不確定是賴中強還是誰提議，要學綠色和平組織的佔領行動，如果佔領立法院太不可行，我們就去佔領景福門。這件事超荒謬，現在回想起來，真的沒道理：佔領景福門，對於反對《服貿協議》到底有什麼影響？但那時的結論是，要佔據景福門十幾天，做超大的布條，從城門放下來，針對總統府抗議，然後找國際媒體來採訪。這樣做需要幾個年輕人上去佔領，下面要布防守線，大家討論方案，還說佔領者要性別平衡，有男生也有女生。去開會的女生不多，大家就叫我去，我說好，我可以去。

我回住處，收好要用的東西，還怕我媽知道，緊急跟她約三月十八日那天，不管怎麼樣，一定要到政大和我一起午餐。我懷疑可能被監聽，因為前一年十月十日類似的抗議行動被提前曝光，在電話裡，我不敢說我要去佔領景福門，等到午餐時才當面跟媽媽說，我要去衝景福門。當天晚上，我媽看了新聞還問我，不是要佔領景福門，怎麼進了立法院？

三月十八日下午，我上課時接到一通電話，陳為廷叫我提早到現場

曾柏瑜（左）和魏揚（右）主持反服貿抗議晚會，2014年。

去。我問要幹嘛，他說去了就知道。我還等課上完才去，因為我知道，之後我會蹺課很久。到了立法院現場，陳為廷告訴我，要我當晚會的主持人；我說，我根本不知道要幹嘛；他又說，反正你去就對了，等一下會有人跟你說，我們今天晚上要佔領立法院；我很驚訝地問，不是要佔景福門？陳為廷說，計畫有變。之後狀況就如我們現在所知。

到了青島東路現場，魏揚跟我說，有個小組開了一次會，決定改變計畫，並擬了很完整的方案，但沒時間跟我細說。我到現場時大概五點前後，六點會已開完，所以根本不清楚情況。魏揚說，反正到時候場控Cue你，你就叫大家衝進去，我說好。至於怎麼布防，幾路進攻，我完全不清楚，我只知道，九點左右場控Cue我的時候，我要帶頭叫大家衝。魏揚也是臨時被找來，當場才知道這個計畫——那晚的場控應該是童智偉，還有王雲祥。

晚會現場，考秋勤唱完〈官逼民反〉，場控跟我說，對面[1]已經衝進去了，叫我們喊衝，我和魏揚一上台就喊衝。應該是魏揚先說，這就是官逼民反，我們要用我們的身體阻止服貿通過，我跟大家講，對面的夥伴已經衝進立法院議場，警察阻止不了我們；我要求所有人一起衝進去，保護我們的夥伴。

有一個小隊，其中有黑島青的夥伴，很多人是衝組的，我們一喊，他

1．曾柏瑜刻在青島東路，對面指濟南路。

們就往立法院衝，其他群眾因為害怕，不太喊得動，我跟魏揚只好拿著麥克風翻牆，大家才跟著行動。接著一片混亂。濟南路那側的康園餐廳有條車道，通往地下停車場，這次的計畫我們沒有透過任何通訊軟體或電話提到，所以警察措不及防，鐵門都沒拉，一大群人就從地下停車場的車道進去了。布防警察太少了，大家如入無人之境。

當晚只有濟南路設舞台，才封了一個車道，在場的人並不多。衝進立法院以後，大家認為人太少了，我跟魏揚又到舞台上，請大家聯絡朋友，找他們來。那時候已經開始直播，臉書跟PTT全都是佔領立法院的訊息，開始有不少人到場。那天晚上，政大社會系女籃隊練球，我沒去，就打電話問隊友練完球了嗎，她們說剛練完，我說，你們現在立刻過來，十幾個人就來了，被我騙進立法院，不知道怎麼回事——我原先以為要去景福門待幾天，帶了一個大包，準備得很充分。

一整晚大家都在忙著安排後勤事務。後來有民進黨立委的幕僚出面協調，讓物資可以進議場，但人員不能再進去，所以有一個物資管道，從青島東路通到議場。

後來，我們便被困在議場內。忘記第幾次警察攻堅，大概五、六點，我被抬出去。在場外我遇到魏揚，當時青島東路已經有非常多學生，我們就說要設一個物資站，所以我開始處理這件事，三月十九日都在外面，稍

衝立法院之初，曾柏瑜和警方對峙，2014年。

晚才又進議場。

超大型社會運動漩渦的浮沉親歷記

三月十九日晚上，大家認為要有一個人接受媒體訪問，說明我們的立場。大家都是學生，對《服貿協議》不是太了解，不敢對外發言，就推我出來，我在美國時訓練出膽量，以為沒什麼，要上就上。但我不知道議場內的狀況，於是一個民進黨立委的助理把我帶進議場，跟黃郁芬、林飛帆他們討論上媒體節目要提出的訴求。

除了膽量、自信，英文好也對我有幫助，陳為廷接受國際媒體訪問，都要帶我去做翻譯。不過，我並沒有被分派到國際媒體聯絡的任務，因為鄭凱榕從台大外文系帶了一群人，用各種語言翻譯，比我專業多了。我主要負責的，還是上節目說明立場，後來需求太大，換其他人輪番上陣。

在場內，並沒有清楚的工作編制，很多人同時參加很多組織，而黑島青是個鬆散的組織，也沒有會員制度，很難說誰是成員誰不是。陳為廷甚至問過我，他算不算黑島青的？所以不能說三一八學運是黑島青組織起來的，因為這個組織根本扛不起那麼大規模的運動，我們在黑島青就有很多不同意見跟話語權的爭奪，還有焦慮——不知如何扛下責任，不知如何結

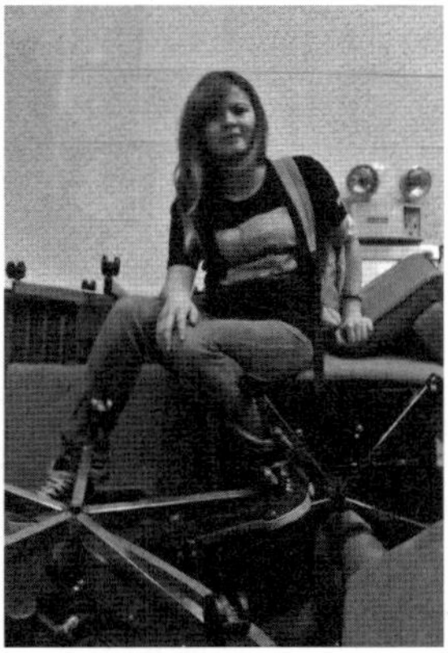

太陽花運動期間，曾柏瑜在立法院議場。

曾柏瑜在太陽花運動期間（上圖右四，下圖右二），2014年。

束活動。

很多時候，我負責行政事務，還要撰寫聲明稿、發言稿，因為這樣，才會對陳為廷、林飛帆和黃國昌累積了很大的不滿。我們經常花幾個小時開會討論，寫出大家可以接受的聲明稿，但是面對媒體時，他們經常脫稿發言，搶走大家的話語權，讓大家非常憤怒。我會把通過大家同意的聲明稿放上黑島青的臉書，但聲量比不上眾多媒體。那段時間，我經常和黃國昌爭吵，他因此非常不喜歡我。

讓我很生氣的一次，是三月二十二日下午，行政院長江宜樺表示要對話。我們花了很多時間，寫出一篇措辭平穩的聲明稿，內容主要是我們對應政府反應的後續行動，也想避免發生衝突。但是，拿到麥克風的人並沒有照稿發言，講自己想講的，把大家的情緒鼓動起來，才發生三月二十四日攻佔行政院的行動。

當時鎂光燈下只有男生，大家就一直要我也上台，因為媒體很快只聚焦在林飛帆和陳為廷身上。其實我上不上去都沒差，並不介意他們搶鋒頭，但不照大家合議的聲明稿發言，那就很糟糕。

另一件讓我印象超級深刻的事，就是退場聲明。準備退場時，我不希望只有陳為廷和林飛帆代表大家說話，在場的群眾很多，對於要退場這個決定，大家很不開心，有很多爭執、討論，開了許多場調解會。最終確定要退場，我們要求林飛帆和陳為廷到不同的區域，跟大家解釋清楚。

我有進出權限，於是經常在議場外面，跟糾察和各個團體的群眾在一起，想知道大家怎麼想。畢竟三一八學運是大家一起參與的，如果有人認為群眾不能理解，索性自己做決定，那就是瞧不起群眾，也就是瞧不起群眾運動。退場的決定已經引起很多質疑，我就希望退場的時候，不要再由林飛帆他們發言。我在內部爭持好久，這個意見才得到大家同意，決議林飛帆和陳為廷不發表聲明，從糾察組和後勤志工組各找一名參與者公布。當晚我們寫了一篇從群眾角度出發的聲明稿，會議上，大家都同意這樣發言的內容和形式。

結果，說好要退場前幾個小時，陳為廷、林飛帆和黃國昌在議場內發了一個聲明。我非常憤怒，感到被背叛，整整兩年，沒有再跟陳為廷說話。他們三個人認為自己是學運的頭臉，退場時需要給社會一個交代，但我以為，運動的頭臉是群眾，並不是他們，憑什麼認為自己是學運的代表？從黑島青的工作坊到三一八學運這段期間，林飛帆是有時會來開會的夥伴；陳為廷從沒參與過會議，算是黑島青之友。黃國昌就是來來去去，佔領立法院期間，我們每次開會，他都在旁邊睡覺，會開完，他也醒了，就叫陳為廷和林飛帆出去抽菸，陳為廷回來，就提出黃國昌跟他們討論的想法。黃國昌甚至沒有跟任何人說，就去總統府密會馬英九的幕僚蕭旭岑，讓人很憤慨。

三一八學運退場，他們覺得要給社會交代，那是不是應該要扛起後來發生的種種後續狀況，是不是應該對黑島青的未來負一些責任？拿走學運光環，沒有任何承擔，這我不能接受。

我和林飛帆、陳為廷他們很緊綳地站在第一線應對外界，耗盡了那麼多的時間和人力；社會支持這個運動，整體氛圍那麼好，居然只取得時任立法院長王金平退回《服貿協議》重審的承諾——我們甚至不認同他作為立法院長的公正性——這場社會運動就結束了。我以受挫的心情離開立法院，隨後陷入很深沉的憂鬱，無法到校上課，三年級便休學。我的男友是我的同班同學，可能為了鼓舞我，在沒有告知家人的狀況下，我們登記結婚。

二〇一四年之後，有好幾年，常有人對我說，你們很棒；可是，我們分明沒有達成什麼。我不否認，這場運動對社會有很大的影響，作為社會運動，我認為它並不成功，尤其退場沒有共識也沒有較好的設想，使得好多人後來都很受創傷。

社會運動到底能不能改變社會？二〇一四年的我很天真，所想像的社會運動是高度政治性的，希望可以透過運動，直接影響政府的政策，我雖然參了加各種議題的社運，但在我看來，《服貿協議》是影響更全面的議

曾柏瑜登記結婚後，2015年

題。後來，有機會跟比較年輕的運動者交流的時候，我會提醒他們：年輕時我們會很天真，以為是非對錯這麼分明，只要有人指明出錯的地方，社會一定會贊同，一起修正——我學到的是，社會的改變需要時間，政治的改變，更需要時間。

現在我完全可以理解，太陽花運動已經算是在最佳時機退場，社會氛圍已經形成，立法委員必須重新處理服貿這個議題。我也完全可以理解民主程序的必要性，我們必須在體系不至於崩潰的狀態之下去修改，而不是進入打掉重練的革命狀態。但是，太陽花運動當下，對於政治人物無論如何不肯承認錯誤的原因，很多人並不明白，所以我的運動創傷那麼大。

跟很多社會運動者深聊後，我發現，我在太菜鳥的階段踏進了一個太大的漩渦，沒有做好心理準備。雖然我參加過關廠工人抗爭、反核遊行等社運活動，但我並不是組織者，沒有被社運的前輩教導過。太陽花學運之前，我擔任組織者的經驗，只有在黑色島國青年陣線的半年。這是社運型NGO的常態，訓練和傳承非常不夠，完全沒有制度化，重度倚賴參與者所追隨的前輩會不會帶人，很多人只是懷抱一些模糊的概念，憑經驗做運動，無法系統化地帶領年輕人。

我就是一個沒有準備好的社運參與者，被丟進一個很大的漩渦，不知道會面對什麼；不知道怎麼樣是成功，怎麼樣算失敗；不知道運動的目標有多長遠，如何走下去。例如說，反核運動走了三十年，為什麼還有動力繼續走？如果反核這麼簡單，一兩次遊行就達成了，怎麼需要幾十年？這些我都沒想過，就很天真地捲進大型社會運動，之後才會很創傷、很受挫。我的自尊心很強，無法接受一般心理諮商、承認自己需要心理治療。後來我把三一八學運經歷的事情寫下來，邊寫邊思考。

遇見一名素樸的支持者

我希望可以透過社會運動，達到心目中的理想，然而，在太陽花學運經受的挫敗，讓我體會到社運能改變的，真的太少了。太陽花學運之後那幾個月，整個社會的情緒很高漲，還有許多游擊式抗爭，立法院內也動作頻頻，柯文哲就是在那樣的態勢裡出頭的。

不論社會氛圍如何，最終可以直接做點什麼的，還是立法委員。我那時想到兩個齒輪的理論——社會運動是一個個的小齒輪，必須忙忙碌碌地轉很多圈，才能帶動體制這個大齒輪轉一圈。既然如此，是不是應該進到體制內，應該來組政黨？如果我找來太陽花學運的指標性人物，共創一個青年人的政黨，應該可以延續太陽花學運的未竟志業。

當時已經有很多人討論組建政黨，林飛帆和陳為廷當然不斷地被徵詢。在社運團體中，我們很快就會畫出一個圈圈，把可以相信的人放進去。我在黑島青的活動中就認識林飛帆，覺得他是一個可以信賴的人；我跟陳為廷雖然會大吵，但吵完一起抽菸，就可以和解；與黃國昌的接觸都不太愉快，加上他曾經密會馬英九的人馬，讓我判定他不可信。

二〇一四年，我想過組黨，當時黃國昌也想組黨，他曾經約了一個飯局，找林飛帆、陳為廷、我和許多人，我沒有去，林飛帆也沒有出席。朋友轉述，黃國昌說，其他人想搞什麼，他無所謂，反正他要成立一個代表太陽花學運的政黨，林飛帆和陳為廷都會過去，他只要將，不要兵。我才不要當黃國昌的將，所以沒有加入那時成立的新政黨時代力量。林飛帆也沒有加入，留學去了。時代力量確實產生磁吸效應，吸納大量人才，不過沒多久，又把人才甩了出去。

後來我認識了綠盟的吳銘軒，他得知我有進入體制的想法，就問我要不要加入綠黨。他說，參與太陽花學運的學生要組一個黨，他絕對支持和幫忙到底。當時有那麼多人要組黨，與其辛苦地創黨，不如加入存在已久的綠黨，再決定參選是不是我想要做的。

二〇一四年十一月有九合一選舉，我輔選綠黨的議員候選人，也為幾名受太陽花運動啟發的候選人助選。那時正是社群媒體興起之初，除了幫忙發放文宣，我還在網路上發表政策文、臉書文，算是政治練習生。到了二〇一五年初，各方布局二〇一六年一月的立委選舉，綠黨跟我說，找不到願意參選的年輕人，很不好看。我在綠黨內掛了青年部召集人的頭銜，於是我說，真的找不到人，那就由我來吧。登記結婚時，我並沒有跟家裡人說，決定參選後，我跟爸媽說，我已經登記結婚，他們聽了大崩潰；我接著說，我要參選立法委員，家人更是震驚。所幸爸媽終究支持，競舉期間他們還來當我的志工。

選擇在新店參選，理由很天真，因為綠黨希望在雙北各提名一人，台北市已經有代表人選，我到哪裡都算是空降，就被放到綠黨的政黨票曾經開到百分之三的新北市新店區。很多NGO工作者都住在新店，我們認為那裡的居民比較有環境意識，就到新店去競選。綠黨成員是沒有政治意識也沒有政治經驗的NGO工作者，他們對政治的想像是從NGO的角度出發。用政黨票去考慮個人的選舉很不合理，但很久之後，我才學會這件事。不過，我覺得太陽花學運影響我很大的一件事，就是讓我相信只要想做，沒有什麼事情是做不到的。另外，我們年輕人有自己的想法，不要跟老政治混在一起，所以，參選算什麼難事？

二〇一六年，我代表綠黨參選新店區立委，所有人都跟我說，兩大黨加我們一小黨，我絕對不可能選上。那次民進黨推派的是一名連任多屆的資深議員，參選三次立委都沒能當選，我希望民進黨可以禮讓洪慈庸和林

曾柏瑜代表綠黨參選新北市新店區立法委員，2016年。

袒佐那樣地禮讓我，由我代表泛綠陣營參選。民進黨方面表示，希望黨對黨協商，但社運界比較有潔癖，也擔心小黨會被大黨吃掉，所以綠黨不願意協商，為此我跟綠黨決策圈有點衝突。即使黨對黨協商，在地的資深議員也未必願意禮讓，但小黨不願意與大黨策略協商，並不是一個政黨該有的態度。

協商失敗，新店區立委還是兩大一小參選的局面，我拿到兩萬多票，若加上民進黨參選者的得票數，就會超過國民黨。我的支持者很傷心，太陽花學運捲起的社會力量沒能翻轉傳統政局，實在太可惜，希望我可以再接再厲，競選新北市議員。那時是臉書的戰國時代，政治人物開始用臉書做宣傳，這場選戰中，我的資源實在有限，就把宣傳主力放在臉書經營，選後有一家公關公司公布了候選人臉書聲量排行，我排到第五名。落選後，很多人來挖角競選團隊的成員，大家有地方可以去發揮，為此我很開心。

投票前最後一個禮拜，早上要去站路口，競選總部成員太少了，沒有人力可以留守，站路口的時候，鐵門就拉下來。回到競選總部時，有人站在門口等候，一打開門，就給我一袋零錢，他說他沒有辦法捐更多，可是這是他存了很久的，希望可以支持我。我說要開捐贈的收據，他說不用，因為還要數，他也不知道有多少金額，他從三一八學運就很關注我們，希

曾柏瑜代表綠黨參選立法委員期間互動現場，2016年。

望年輕人可以出來。他要去上班，人就走了，可能做的是體力工作，穿著像藍領階層。

競選到了那個階段，其實已經感到很無力，自己知道不會選上，可是不能跟任何支持者說我不會當選，一定要說，我們有機會。收到那袋零錢當下，我真的很感動，眼淚立刻飆了出來。

很多當地選民都把黨票投給綠黨，但二〇一六年的選舉讓他們看到，綠黨推派的候選人似乎全是任務型的，往往不是在地人，參選過一次就不見了，完全沒有經營在地的意思。我跟綠黨說，我要留下深耕新店，綠黨明確地跟我說，沒有資源做這件事，我說如果我找資源經營地方，是不是可以確認二〇一八年提名我參選市議員？綠黨說，黨內有民主機制，不必然提名我。用了一整年的時間以及實際投入的三百萬經費，打了一場選戰，這樣的回應，使我在情感上很受傷。

選舉與選舉的間隙

綠黨的先天屬性是NGO成員的組合，始終沒有政黨經營的策略，把選舉當成社會運動操作，這是一個很天真的想像，我們不可能想要得到一個人的選票，又想要教育對方。社運是平時要做的，選舉則是檢驗平時做得夠不夠。我決定告別綠黨，自行經營新店。

如何經營地方，並沒有人教我們怎麼做——難道要跟議員一樣跑攤？我所想像的新政治，並不是樣子。立委選舉我得到兩萬多票，大都是年輕人投的，老人家並不認識我。政大公共行政系的莊國榮老師一直給我很多鼓勵，於是我去求教，如何接觸年長者群體。莊老師幫我向一個基金會募到六十萬的款項，二〇一六年，我成立在地深蹲協會，一面鞏固年輕人這個群體，一面在新店的北新路二段租了一個地方，聘了一名兼職員工，經營社區型長照，讓老人家認識我。

我同時到處找工作，女權運動的前輩陳來紅引薦我到柯文哲任內的台北市政府去。我從來沒有在政府部門工作過，很樂意去學習，於是成了發言人林鶴明辦公室的專員。相對於民間機構，公務體系嚴謹很多，有種種規範，還有公文往返等作業程序，林鶴明又是非常專業的發言人，我從他身上學到很多，到現在還是朋友。

深蹲協會要提供長照服務，得租一樓的空間，這樣才方便進出。每個月一領到薪資，我立刻繳付房租和各項雜支，之後帳戶只剩幾千元。那段時間，我跟我先生常為經濟問題吵架，一度讓我以為我們可能得離婚了。協會唯一的兼職員工，是我代表綠黨參選立委時的助理Dora。她原本在綠能公司擔任董事長秘書，工作經驗和能力超強，留下來陪我深蹲新店。

Dora很擅長寫企劃，向新北市政府申請長照共餐所需的設備等等補助，紓解我很大的經濟壓力，一人抵好幾個人，沒有她，我走不到下一步。後來Dora也跟我一起到台灣民主實驗室和黑熊學院工作。

在新店，每週逐漸有四、五十位長者來共餐，每個月還會辦不限參加對象的活動，也辦親子手作活動，把協會變成社區的聚會點，結果，深蹲協還得到朱立倫任內的新北市政府頒獎。

在台北市政府，我只待了六個月，因為柯文哲對大巨蛋弊案的態度出爾反爾，待不下去，也就離職了。吳銘軒知道我需要收入，才能支持深蹲協會，介紹我到開放文化基金會工作，負責國際交流，這個經歷對我的職涯影響很大。

太陽花學運之後，一直有大型國際性NGO接觸我，邀請我參加抗爭培訓計畫，因為我是在媒體上露臉很多的抗爭學生，就比在場默默參加學運的廣大人群得到多出很多的機會，這很不公平，所以我很希望學到任何東西，都可以好好地回饋社會。國際性NGO的培訓計畫讓我開了眼界，了解到怎麼系統地培育抗爭者，如何募資、經營社交媒體、管理NGO。本地的NGO實在太倚賴個人熱情，這樣走不遠，應該可以好好做一番改革。

這一切都發生在短短一年半之間，下一次選舉——二〇一八年的九合

深蹲協會活動，左為護理隊服務，右為長者共餐，2017年。

一選舉要來了。

經營地方和NGO的工作非常不同，我在綠黨倡議的勞權、能源政理念，都不是在地選民關切的，他們更關心自家違建能否緩拆、住家門口的紅線可不可以畫成白線，這樣好停車？我們邀請一位律師來做法律諮詢，這是選民需要的。但我們還申請了台灣民主基金會的補助，帶著台灣和馬來西亞、菲律賓的年輕人到香港觀察選舉，雨傘運動之後，羅冠聰、黃之峰他們都挺身參選，也全當選了，香港社會活力十足。不過，他們的當選資格後來都被剝奪了。從香港回來，我們在深蹲協會辦了工作坊和講座，邀請香港第一位公開出櫃的議員陳志全來辦講座，還創設了一個亞洲青年平台，也就是奶茶聯盟的前身。

選民關係與假訊息襲捲

為了準備議員選舉，除了經營長照和青年工作，我還做議會觀察，想弄清楚議員的權責。大部分年輕人在意勞權、環境議題、土地正義，這些其實是立法委員才能處理的事務，但很多選民並不清楚自己選區的議員有哪些，更別說議員到底負責什麼工作，因此選民不會知道投票給我或別人差別何在。於是我決定做議會監督，我們先向公民監督國會聯盟和沃草請益，這才發現桃園和高雄已在做議會監督，我們便辦了一些工作坊，帶新店的年輕人一起做了兩年議會監督。

我們資源有限，無法做質化分析——質詢時一堆議員都在胡說八道，要全部看完並加以分析，人力嚴重不足。所以我們只做量化監督，發現新北市議會的質詢率才三成，七成議員沒有質詢，甚至有零質詢的議員。媒體報導了我們公布的監督內容，引發民眾憤慨。根據我們的議員評鑑，有議員在新北市掛看板，寫說自己是「深蹲協會評鑑百分百議員」，也有議員出資助印製評鑑結果，放在服務處當作文宣品。

時代力量的新北黨部原本想做議員表現評鑑，沒想到一個小小的深蹲協會跑得那麼快，問我可不可以合作。當時我正在考慮要用無黨籍的身分參選，還是和政黨合作。我已經離開綠黨，比較可能的對象，只剩社民黨跟時代力量。

林昶佐為我分析，加入時代力量比無黨籍要好選，我信任昶佐，也因為議會評鑑而跟新北市黨部有所接觸，於是同意加入時代力量——尷尬地是，林昶佐是台北市立委，負責輔選台北市議員參選者，而輔選新北市議員的，是黃國昌。

我把深蹲協會轉換成我的競選總部，暫停長照服務，披上時代力量的旗幟，投入市議員選舉。這場選戰打得很尷尬，一方面，我和黃國昌有上

曾柏瑜（左一）和時代力量新北市議員參選者及輔選人，2018年。

下屬關係，但互不信任；另一方面，我曾在柯文哲市政府工作，當時的同事劉奕霆後來成為北市府發言人，我們交情不錯，他很樂意來幫忙，但時代力量完全推拒。除了這些，與第一次選舉差別不大，時代力量比綠黨稍微有力些，可以買一點公車廣告，掛幾面看板，主要宣傳還是靠臉書，我們在臉書上有幾個非常有效的活動，觸及率破百萬，網路聲量算是很高的。

長照服務確實讓我認識了一些年長者和地方性社團，我的志工幾乎都是在地的媽媽，有些里長願意帶我跑一些里民活動，像是送遊覽車、掃市場、站路口、跑宮廟，這些算是打形象的空戰；綠黨和時代力量一樣，沒有組織票，沒有樁腳，即使要請客，我連邀請的對象都沒有。

二〇一八年參選市議員，是我人生很大的一個轉變。第一次參選時，會來支持的人，都是因為認同我所講的話；選市議員的時候，因為我蹲點，做了長照等工作，婆婆媽媽們來當競選志工，不是因為我談什麼理念，而是我們共餐過兩三次，她們相信我，把我當自己人，所以比較願意相信我說的話。

和那次選舉同時舉行的，還有能源議題和同婚的公投，志工們和我們共餐或幫忙摺文宣的時候，會偷偷問我們同性戀的事，還會給我們看大量似是而非的LINE訊息，像是同性戀會得愛滋之類的。他們相信我，所以願意聽我的說明，對我來說，這是個很好的學習經驗，讓我理解什麼是社

曾柏瑜競選新北市議員掃街活動，其左為洪慈庸，2018年。

會信任：我們必須先有信任，才好談理念和主張，沒有信任就沒得談，沒得談，就不可能達到所謂的共識。

共餐是建立信任的開始，還有教長輩使用智慧型手機。深蹲協會一直頻繁地開辦智慧型手機的課程，因為爺爺奶奶們很需要。學會了怎麼使用智慧型手機，長輩們就開始跟我們分享各種各樣的訊息，我們發現，關於公投的假訊息實在太多了。

選舉結果，我是落選頭[2]，這件事當然令我很難過，但韓國瑜打敗陳其邁，當選高雄市長，更讓我難以接受；多項公投大挫敗，也讓我很難過，尤其是同婚議題——那麼多年輕人自發地站在路口宣傳，我都被感動了。時代力量遲遲沒有對公投選項表態，所以我也沒有大力地溝通公投議題，一面要說服人家把票投給我，一面要為公投選項爭取支持者，我的確也力有未逮；於此同時，地方上的長輩們不斷收到各式錯假訊息，影響真的很大，這是一個我們需要面對的問題。

從假訊息氾濫到研究組織創設

敗選之後，幾個綠黨時期曾一起工作、二〇一八年又來助選的助理與我討論下一步，我說，錯假訊息的影響太嚴重了，於是我們做了簡單的量

2．落選者中最高票。曾柏瑜其後於2022年11月13日遞補為新北市議會第三屆議員。

化研究，統計選舉期間韓國瑜和陳其邁在中天新聞台新聞數量的差異，再跟沃草就此議題辦了一次講座，受邀來賓之一是沈伯洋。吳銘軒也出席了，他跟我說，他和沈伯洋想要創辦一個組織，專門研究假訊息，於是我受邀加入台灣民主實驗室的籌備工作。

選舉結束後，回到新店，我終止深蹲協會實體經營。長照和共餐很有意義，但我難以負擔三萬五的月租，只能改成線上運作；新北市議員問政監督，以及新北市議題的觀察，則有其他團隊接手。

二〇一八年一月，時代力量有一波選後檢討，林昶佐輔選的台北市議員成績很不錯，三席當選，黃國昌輔選的新北市議員，則是一席都沒選上。當時我們想在黨內推動改革，就選區和候選人的選擇等等方面提了很多建言。我並不是黨工，但是跟很多在黨內工作的夥伴是好朋友，很希望好好檢討，可以讓這個黨更好，但林昶佐和許多新上任的縣市議員，終究從二〇一八年開始，陸續宣布離開時代力量。我沒有跟他們一起宣布，而是以不繳黨費和失聯的方式，讓黨籍自動失效，這是我對還在黨內工作的朋友展現的一點溫柔，我不想被誤解為指責還在努力的人，問題不是他們，而是一些策略誤失。

離開時代力量之後，我在二〇一八年成立了一間網路行銷公司。我的助理們有的去當黨工，有的去當議員和立委的助理，其他人跟我一起接案，協助政治人物經營網站，做社群行銷，算是用上了我的參選經驗，也去了解大家如何操作網路。不過，我們和有些公關公司不一樣：不養網軍。我們嘗試過，但沒有辦法，必須握有很大量的資源，才有辦法養所謂的網軍／假帳號。我進了這個產業，於是知道別人怎麼做，廣告投放怎麼弄。

原本我們瞄準的客戶群是新科議員，以為他們有經營網路社群的需求，後來發現，新議員並沒有經費，倒是有些比較有資源的老議員，找我們做視覺轉型。我們也承接一些企業專案，架設網站、製作影片、經營臉書，還為《國際橋牌社》[3]籌辦實體活動和線上行銷，東拼西湊地撐了一年多。

當時台灣社會經歷了兩次社群媒體具有重大影響力的選舉，尤其是二〇一六年柯文哲當選台北市市長那次，社群媒體簡直創造了奇蹟，很多研究團體都想研究這個領域，卻不得要領。所以我們公司還做一些顧問工作，給了我很多機會認識不同的組織團體，並且可以參加國際研討會，分享我參與太陽花學運、兩次參選，還有運作在地組織的經歷。我的分享中始終存有一個很大的議題，就是錯假訊息氾濫，社會溝通變得很困難。二〇一九年四月的網路自由節[4]，我跟吳銘軒和多國民主工作者交流，討論了很多假訊息議題，大家認為，專門研究假訊息的組織有其必要；那時沈

3．以政治為主題之影集，2020年1月首播。

4．Internet freedom festival，2019年為第五屆，於西班牙瓦倫西亞（Valencia）舉辦。

伯洋和吳銘軒便說到要成立這樣一個組織，很意外地，我們在國際間拿到一筆經費，可以挹注我們的研究，我於是到台灣民主實驗室專任，自己的公司交由其他股東經營。

在台灣民主實驗室，我做事實查核、假訊息的辨識，辨別訊息是否惡意訊息，來源是否假帳號。有一個研究範圍是開發工具，研究如何追些假訊息，以及假訊息如何發動攻擊，這些研究大多從數據的角度分析，因為要找出證據，證明這是一次攻擊。另有一個範圍專門研究立法，透過法制的體系，處理假訊息的問題。我主攻社會溝通的領域，主要研究的是受眾，重點放在什麼樣的受眾會相信假訊息，為什麼會相信假訊息？在全世界，這是走在很前面的議題，聚焦在假訊息的發動者和訊息本身的研究很多，對接受者的研究比較有限。我也負責國際交流，因為我是個比較好的說書人，也會做厲害的簡報投影片，可以在國際研討會上，和各界交流和討論。

這個組織擴張很快，四年之間，編制從三個人擴大到二十五名專職人員，主要是因為全世界對假訊息處在不甚理解、疲於奔命的狀態，非常需要這類研究，台灣又受到非常多假訊息攻擊，研究素材源源不斷，中國的攻擊到底長什麼樣子，大家都很有興趣。受到全球矚目，我們也就有機會得到比較多資源，再聘僱職員，而吳銘軒執行長又很善於經營策略。

進行國際交流時，我深感台灣的困境——我們實在太民主了。國際性資源往往挹注到有獨裁者的開發中國家，台灣的政治環境太優越了，以至於我們視之為問題的，和他國相較，都不成其為問題。二〇二〇年，Covid-19疫情發生了，台灣民主實驗室很快抓到定位，不只要研究台灣的狀況，更關鍵的是，這些研究要能對國際社會有所幫助。我們長期研究流到台灣的假訊息，發現台灣就是假訊息的試驗場，於是我們研究在台灣有效的假訊息，會不會被拿去攻擊其他國家。同年，我們開始舉辦兩、三百人的大型國際研討會，擴大國際串聯，結果非常成功，更多資源湧入。我們希望盡量中立，所以多數國人可能沒聽過這個組織，但我們的研究在國際間非常知名。

倡議戰略溝通卓越中心

在台灣民主實驗室，我從社會溝通組組長做到副執行長，往後到國際性組織去工作也不無可能，選舉已經是非常遙遠的事情——結果，二〇二三年五月，新北市議員林秉宥約我去跟賴清德的競選總幹事潘孟安會面。我以為要討論假訊息議題，找我參與政策白皮書撰寫，赴約前我還特別跟沈伯洋討論。沒想到，潘總幹事徵召我參選新店區立委；他坦誠地告訴我

曾柏瑜代表民進黨參選新店區立法委員，上圖右為沈伯洋，2023年。

徵詢過哪些人選，然而不太適合，我至少在新店經營過幾年，時間緊迫，希望我臨危受命。會面後我跟沈伯洋商量，他說，在政府裡，我們還是要有人，於是我被說服，答覆潘總幹事，選上與否，我都希望能在新政府裡耕耘假訊息這個領域，他表示同意。沒想到我落選了，倒是沈伯洋以民進黨不分區的身分當上立委。

知道我又要參選，差點爆發婚姻危機。畢竟我說過我對於選舉心力交瘁，也不是表演性格很強的人，更不愛社交，何況我的工作重心轉移，沒有繼續深耕新店。只是和其他人選相較，我還是最有機會當選，並不認為這次參選是一記犧牲打。

大部分新店的選民可能覺得，民進黨在新店的立委選舉沒有贏過，我的勝算不大，但又很心疼我。我第一次代表民進黨這個大黨出來選，整體資源確實跟以前不一樣，黨內大老也輪番幫我整合和助選。

在這個選區，我曾代表不同政黨參選，被徵召後的五個月，我都在整合，想辦法讓民進黨的黨員相信我，並說服民進黨支持者投票給之前並非民進黨籍的候選人。很可惜地，一名泛綠陣營的資深議員堅持參選——二○一六年時，太陽花運動過去不久，民進黨參選者應該覺得，那次是他競選立委的最佳時機，出來攪局的，反倒是代表綠黨參選的我，這樣的想法我可以理解；到了二○二四年，局面又和二○一六年類似。這次選舉，我

曾柏瑜（右三）競選新店區立法委員，蕭美琴（左三）助選，2023年。

在新店區的得票數，已是民進黨歷年來最高，但最後還是輸給了國民黨的參選人。

選後我回歸假訊息研究的本業。我當然希望有機會進入政府，好好處理假訊息議題，並不是要謀一個職位或一份工作。我真正想做的，是希望台灣可以成立「戰略溝通卓越中心」[5]，北約和歐盟已有這類組織，主要進行跨國策略溝通，聚焦假訊息研究、民眾反應研究、監測研究、公部門策略擬定等領域。這樣的中心往往屬於半官方性質，大部分人力來自民間，也有政府代表參與，可以保持機動性，我們很希望台灣能有這樣的組織，作為台灣與國際社會的對口，可以分享研究成果，對假訊息做出實質反制。

二〇二四年三月，經濟民主聯合召喚群眾到立法院聲援。在臉書上看到消息後，我就到現場去，跟賴中強律師說，需要幫忙的就直接告訴我。那段期間，我剛好沒有全職工作，於是先在志工台幫忙，再來就進到志工群組。太陽花學運時期便認識的戰友嚴婉玲已回到台南工作多年，這次也進入組織，主要協助賴律師處理相關事務，但嚴婉玲得南北奔波，非常吃力，賴律師就邀我以媒體專員的身分正式加入組織，負責媒體聯絡、撰寫新聞稿、開記者會之類的工作。因為大部分工作人員都很年輕，工作經驗較有限，我負責的事項就越來越多。

到了六月，我必須以顧問的身分出國參加一場北約的會議，賴律師希望我留下來幫忙，但我認為，台灣和北約的連結很重要，不能不去。另一方面，我也很清楚地知道，青鳥行動是屬於公民的行動，我是民進黨黨員，只能幫忙聯繫立委辦公室，處理媒體事務。我一直認為，不同世代有不同世代的舞台，該讓年輕世代勇於想像和承擔。青鳥行動期間的經民連，我大約參與了最初的兩個月，之後也就選擇離開了。

二〇二四年五月，青鳥行動群眾集結期間，我投注很多時間跟年輕世代溝通，他們沒有經歷過太陽花學運，青鳥行動是很好的表達機會，應該讓新世代組織自己的群眾運動。只可惜我們沒有提供足夠的培力工作，讓大家在準備不足的情況下面對十萬群眾。太陽花學運失敗，我認為很大原因在於培力不足：這麼大的群眾運動，後勤怎麼做；組織者如何與不同的群體細膩溝通，建立互信；如何消化、吸收大家的主張，轉化成容易理解的論述；有潛力的主持人是否有機會訓練臨場反應；台上的主持人力是否充足？這些工作需要有計劃的培養，並不是一直集會就可以達到。群眾運動需要目標，但不能是達不到的目標，關鍵在於如何做組織。

我現在很想做的，是當個幕後推手，幫年輕人募款，讓他們可以做自己做的事情。這幾年來，我跟很多台灣的社運參與者討論，也跟其他國家的社運人士交流，我深感我們是幸運的，太陽花學運雖不成功，但刺激了

5・Strategic Communications Centre of Excellence，目前尚無通行譯名。

參與者們快速成長。二〇一四年，香港有反送中運動，之前有阿拉伯之春，當時世界各地出現許多年輕人所發起的占領行動，於是很多大型跨國組織辦了很多培力工作坊；太陽花學運結束後，我所收到的國際邀約不斷，全世界都想了解台灣的占領經驗。我是亞洲人，又是女性，經歷過將近一個月的國會佔領行動，英文表達能力也還行，這類國際性交流工作坊，特別容易邀請我參與。

透過國際交流活動，我學到很多，舉例來說，因為地小人稠，在台灣很容易召喚群眾聚集，一想到群眾運動，就是集會遊行，太執著於複製單一動員類型；在越南、柬埔寨、泰國那些國家，集會遊行很容易變成流血事件，當地就會有更富創意的動員方式、活躍的社群媒體經營等等面向的群眾運動，對國際社會發聲的方式更有各種創意。我期待年輕世代也可以透過國際培力的機會成長，我想要鼓勵年輕人透過各種管道，申請參加這樣的活動，我願意幫他們向國際組織募款，提供各種費用資助，讓他們到國際上去串連，學習如何動員，如何策略溝通，把不同的知識和實作經驗帶回台灣。畢竟太陽花學運已經過去十年，我也超過三十歲了，沒有辦法一直站在青年這個位置上，我希望跟很多國內的基金會和社運團體合作，讓更多處在二十世代的年輕人，有機會到國際上接受培力，交流經驗，這是我接下去想推動的。

守護台灣，讓台灣走入國際社會

林亮君

二十四歲，學生（清華大學科技法所）

三十四歲，政治工作者（台北市議員）

從體制內到社會運動，介入政治的契機和路徑

大家認識我，可能是在二〇一八年，時代力量提名我參選台北市議員，其實我參與政治的時間，應該要從我高中畢業那個暑假算起。二〇〇九年那個暑假，我在家沒事做，我媽媽聽廣播時，聽到簡余晏議員的節目，要聽眾打電話去她的服務處，就叫我打去；之後我爭取到那裡實習的機會，那時我就算是在從事政治工作了。

二〇一二年我大學畢業，到清華大學念法律研究所，那時才辭去議員助理的工作。二〇一三年，社會運動蓬勃發展，我和許多社會運動的團體仍然保持聯絡，也參與了訴求土地正義的抗爭。太陽花學運之前，我在體制內待了很長一段時間，然後從體制內走到了體制外，這是很珍貴的經

任簡余晏助理時期之林亮君。

驗。在體制內監督政府，有很多事就是施展不開，因為要循序漸進，政府官員很會告訴我們一大堆法規，讓人感到處處窒礙難行；可是在我內心有很多價值與理想，很想付諸實踐。

二〇一三年，「憲法一三三實踐聯盟」在淡水發動罷免立法委員吳育昇的行動，發起人是柯一正、馮光遠還有黃國昌，我是這個團體的媒體聯絡人，實際上還負責行政事務和打雜。罷免活動搞得風風火火，雖然最終沒成功，但我們在網路上用力宣傳，和志工們一起走上街頭、大聲喊口號，感覺就是在實踐我們的理想，這樣的經歷了給我很好的養分。

罷免行動結束後，我繼續學業，沒多久就爆發了太陽花學運。這個超大型社會運動並不是某一個人或團體帶領出來的，一聽到佔領立法院的消息，非常多公民協力團體就紛紛到場支援，緊接著多所學校的師生直接到場上公民課，很多團體在場接力短講，形成壯觀的大型社運行動。

我永遠記得二〇一四年三月十七日那天，我們所有的公民團體在立法院外面召開了一場記者會，正告立法院裡的委員，要求他們務必逐條審查《兩岸服貿協議》，不可以讓台灣的產業受到嚴重衝擊。三月十八日晚上，我在新竹，我的同仁傳訊息給我，問我能不能想辦法調一組麥克風，我問他怎麼回事？他說，他們已經進到了立法院的議場內，現場沒電沒燈光，無法對外發聲。我立刻聯絡幾個在台北的朋友，請人設法把小型麥克風送到立法院，說好在哪個門接設備——讓議場內的抗議者終於能發出聲音的第一組麥克風，就是這樣接力送進去的。

佔領立法院的新聞，當晚都出來了，隔天一早，我從新竹到台北，走進議場時，裡面已經擠滿了人，青島東路和濟南路也聚集了越來越多民眾，不少在場者感到議場外更需要人手維護大家的安全，所有的公民團體商量好輪班守護。立法院外面有好幾個舞台，有的是公民小教室，有的在做表演和短講，我在現場的時候，就和其他公民團體成員輪流拿麥克風主持。形形色色的人都來聲援，除了長期在社運現場看到的熟面孔長輩，更多的是年輕的家長和大學生、中學生。三、四月正是中學段考的時候，很多學生就在立法院外面席地而坐，抱著課本和英文單字卡準備考試，那真是讓人感動的畫面。在同一個時刻，大家都願意來到立院外面，阻止立委愚蠢無知的行為！

一堂全社會的公民課，一次公民不服從的實作

這場運動其實是台灣社會的一堂公民課，大家開始認識「公民不服從」。三月二十三日在行政院發生的衝突，大家開始知道公民不服從是什麼，更因此知道在公民參與的部分，我們可以提供什麼樣的意見。太陽花

林亮君在太陽花學運現場，2014年。

學運那一次，除了本質上是反《兩岸服貿協議》與黑箱審查，最重要的是讓更多的年輕人接觸了所謂政治學、社會學基礎，或說是哲學。除了這些，這場運動在外場有非常多教授、學者和專家的演講，我們稱為公民小教室。這是全台灣人一起上的公民課。

二〇一四年的參加者，最年輕的應該是高中生，可能也有一些些國中生。高中生當時至少十六歲，過了十年，已經二十六歲。二〇二四年我三十四歲，所以二十六到四十歲的這段區間，我想，大家都經歷過那場學運給台灣社會帶來的一次集體成長。不單單是所謂中國與台灣的關係，還代表很多社會的集體意識。

太陽花學運期間，很多學校發起停課聲援行動，或鼓勵學生去現場當作上課。我念的清華大學法律研究所裡，多數教授很支持太陽花學運，我的民法老師就先放下課程進度，與我們討論這場學運的意義，還鼓勵我們：想去現場就去吧，注意安全就行。

當然也有反對的老師，那個學期教憲法的老師，在課堂上告訴大家太陽花學運多麼荒謬，闖進立法院的學生就是暴民，我默默在心裡翻白眼。我參與過立委罷免，新聞媒體有時候可能會提到我，所以老師也知道我積極參與社運，上課時直接問我的想法。我說，我當然支持太陽花學運，也不覺得佔領立法院的是暴民，學生們去反制立法委員粗暴地審查法案，起因是立法委員失職又放棄自己的職權，學生們也沒有採取任何暴力行動。

老師對我的言論很不爽，我的憲法課成績就低空飛過，因為我知道老師的態度，就很排斥去上那門課。我常常和同學們揪團北上去立法院外，晚上再一起回新竹。學運期間我經歷了期中考，新竹和台北兩頭跑，還是咬牙撐過去，回想起來，這些都是很珍貴的經歷。

三一八學運之後，很多團體相繼成立，包括吳崢、王雲祥、曾玟學參與的民主鬥陣，黃國昌、林飛帆、陳為廷參與的島國前進等等。二〇一三年罷免吳育昇立委的時候，我已認識黃國昌，他邀請我一起當島國前進的發起人。當時的黃國昌很有號召力，形象很具有理想性，後來幾年的轉變，確實讓人不勝唏噓。

總之，我在二〇一四年五月島國前進成立時就加入了，接著處理《公投法》，反對鳥籠公投，許多團體想要罷免不勝任的立法委員，大家推出所謂的「割闌尾（藍委）」行動，我們也跟著串連。除了罷免國民黨立委，我們還不斷倡議罷免門檻有問題，希望讓人民可以順利行使罷免權，主張下修罷免門檻。

不過，我還有課業要顧，二〇一四年年底，我離開了島國前進，專心寫碩士論文。事有輕重緩急，我給自己的首要任務，是如期完成學業。二〇一六年底，論文寫到一半，林昶佐打電話給我，遊說我參選議員。我擔

林亮君於島國前進時期，下為林亮君參與（左三）補正公投法遊行，2014年。

任簡余晏議員助理時，已經在台派團體的場合裡見過林昶佐幾次，他是公眾人物，大家都認識他，但我猜他未必見得記得我這個議員小助理。

從議員助理到議員，在錦西街

我的碩士論文指導教授是黃居正老師，他專長的領域是太空法以及轉型正義。林昶佐在二〇一六年代表時代力量當選立法委員，他不時來與黃老師討論一些法案，因此知道黃老師有我這個碩士生，當過議員助理，又參加過太陽花學運和割藍委行動。那時開始，林昶佐就時不時打電話問候我，遊說我參選，有一次他打電話來，我正在邵族部落做研究計畫，他還是緊迫盯人地遊說。後來我對他說，不要再吵我，我一定要先拿到學位，這是最重要的；我還提出一個條件，如果要參選，我要回到中山大同區，我前老闆簡余晏的選區，因為我在那裡服務多年，對當地很有感情。林昶佐說好，叫我趕快完成論文。後來我在二〇一七年快馬加鞭地把論文寫完，回到台北後，在林昶佐立委辦公室工作一小段時間，接著就投入台北市議員選舉。

中山大同區是簡余晏的議員選區，不過，她在二〇一四年加入台北市政府，擔任觀光傳播局局長，不再爭取連任。因為打了一通議員服務處的

林亮君於清華大學科技法所送舊茶會，2017年。

電話，我從此進入政治圈，這件事我一直記得；決定參選後，就先去登記那支議員服務處的電話號碼，作為競選使用。我也回到錦西街，租下簡余晏當年的服務處，[1]後來再稍微擴張，把隔壁花枝羹的店面也租了下來。這裡算是台北市的老城區，和光鮮亮麗的信義區完全不同，許多人在這裡住了幾十年，人與人的關係很傳統，很有人情味。剛投入選舉的時候，很多以前就認識我的長輩問我是什麼黨？我說是時代力量，有些長輩就有點失落，說我怎麼沒有在民進黨？畢竟我以前的老闆是民進黨議員。

雖然有點失落，長輩們還是很疼惜我，只是他們也讓我知道，因為不同政黨，他們或許只能夠暗中支持，不便公開相挺。我也不敢為難大家，就比較委婉地說，民進黨和時代力量都是台派，這個選區要選出八席議員，我認為台派有當選五席的實力，所以家裡要是有幾票，請分一兩票給我；我完全沒有想要擠下任何人，反倒希望學運的能量可以在中山大同區多搶下一席，累積更多政治上的支持。選區的長輩們從我十九歲當小助理就認識我，而且我當助理的時候，業務之一就是選舉期間擔任麥克風手，負責主持和串場唱歌，到了二〇一八年參選，即使離開過幾年，大家都還記得我。就這樣，我順利地在中山大同區選上了台北市議員。

林亮君競選首任台北市議員期間，2018年。

小型政黨的期待、選擇和挫折

時代力量在二〇一八年提名了四十名縣市議員，十六名當選，[2]這麼多優秀的年輕人有個共同努力的方向，很熱血地投入政治工作，選舉成績也很好。很可惜，二〇一九年黨內產生一個很大的爭論：無法表態要支持哪名總統候選人。當時民進黨已經決定由蔡英文總統競選連任，國民黨推派的人選則是韓國瑜。這麼明白的選項，卻不能決定支持哪邊，我無法接受這個情況，除了支持蔡英文，當時完全沒有選擇的可能性。但是，黨內有些人主張要有時代力量的主體性。若是這樣，我們豈不應該自推人選？不推出自己的總統候選人，卻又遲遲不表態，會讓選民難以了解時代力量的立場。

當下我們幾個黨公職就說，來做黨內連署吧，讓大家表態要不要支持蔡總統，結果黨內出現非常多反對聯署的雜音。如果這麼簡單的事情都無法即時處理，我們到底能完成什麼其他民生政策？對我來說，最好的處理方式是立刻表態：總統支持蔡英文，立法委員投給時代力量的候選人。我們主張進行內政的政策辯論，這樣和其他政黨競爭的戰場，就可以拉回到區域立委和政黨票。基進黨就是這麼做的。

我認為，台灣的小型政黨最後都會面臨這個問題，台聯也曾經想拉出

1．林亮君市議員服務處：台北市錦西街74號。

2．台北市、新竹市皆三席，高雄市、苗栗縣各二席，桃園市、基隆市、新竹縣、彰化縣、雲林縣、台南市各一席。

不同於民進黨的區隔和路線，但是，只要有人批評執政黨，就會被本土支持者質疑，很難說清楚政黨自己的立場。本土路線需要時間經營，所以我說，時代力量走太快了，成立得太快，對於想達成挑戰的目標和位置也衝太快。如果我們可以有更多的地方議員，甚至有些人去當里長，時代力量在地方的支持群眾就會越來越多，開始凝聚地方社區對於時代力量的認同與支持，這樣才會有夠大的民意基礎，進而處理國家議題。

二〇一九年八月，林昶佐選擇退黨，我們對他說，應該要留下來一起打拚，但他忙著準備立委選舉，已不想和時代力量繼續耗費心神；約莫兩週後，洪慈庸也退黨，於是我們主張進行黨內路線辯論。實際上，民進黨就有過路線大辯論，針對兩岸政策華山論劍。這並不是什麼不好的事情，大家需要不斷地把政黨的輪廓弄得更明確，把各自的想法更具體地顯現出來。黨內有派系是很正常的事，只要在台灣的主權認同上沒有問題，其他方面大家可以就路線辯論，在時代力量的招牌底下，尊重彼此的想法。

林昶佐和洪慈庸退黨之後，時代力量在立法院馬上少了兩席，現實上來說傷害很大，加上邱顯智決定不參選黨主席，黨中央出現空窗期，於是很多人說，時代力量要倒店了。這個政黨才成立幾年，怎麼就給大家這樣的想法？黨員分明這麼年輕，黨內又有這麼多年輕人在奮鬥，所以我決定參選黨主席，想要給大家希望。既然黨內沒有大老要出來扛這個黨，還有我們年輕一輩，這麼多三十歲上下的年輕議員好不容易當選，在各地議會也努力了一年多，難道沒有辦法挑起重擔？更重要的是，必須讓支持者看見希望，留住他們，不讓他們失望。

這些是我參選黨主席的理由。我很認真地拉票，逐一向大家說明我的想法，例如我主張，哪些人或派系想要經營哪個地方，就應該讓他們去實踐，因為唯有做自己喜歡做的事情，才會做得好；一個政黨也應該包容大團體之下有小團體，要不然黨中央派了人到地方去，與地方上的人意見不同，即使想經營，也經營不起來，所以地方人事安排等方面應該予以尊重，希望大家各自好好發展，在時代力量這個大招牌、大家庭之下各自經營。

黨主席投票前一天，黨中央通知我，黨主席採取推舉制。既然只有林亮君登記參選，即使要推舉，應該只有我一個人符合被推舉資格，黨中央卻說，如果只有一個人登記，要事先決定同意或否決登記人可以被推舉，而這個規定並不在黨章裡。黨中央開了會，否決我的被推舉權。

然後黨中央推舉徐永明與我一起參選，結果他比我多兩票，當選黨主席。整個過程都讓支持者和黨內同志心寒——時代力量分明有制度，卻要使出一些不光明的手法，彷彿黨內在惡鬥，讓大家很沮喪。徐永明主席最後因故黯然下台了，對於時代力量，整個過程是很大的消耗。參加學運的

林亮君（右二）競選台北市議員期間，林昶佐（左一）陪同掃街。

時候，許多人都是帶領學生的老師，很受學生尊敬，沒想到在新成立的政黨裡面，很多人似乎認為自己還處在學運的狀態。

思索小型政黨的前途

歷經多位民意代表退黨的風波，以及黨內幾乎可以說是「內鬥」的事件之後，二〇二二年，時代力量的號召力已大不如前，那年的地方選舉提名了五十多名候選人，結果只當選四名左右，相較前一屆的當選人數，差距非常懸殊，顯示時代力量的政治量能正在快速萎縮，實在很可惜。選舉成績顯示路線選擇錯誤，導致選民看不太清楚時代力量的面貌，甚至覺得時代力量與民眾黨有點類似，最後就被民眾黨取代了。非藍非綠的路線是有空間的，時代力量沒能把握，民眾黨就趁虛而入，佔據了那個空間。

剛退出時代力量的時候，我確實思考過是否加入社民黨，也和苗博雅討論過。但是社民黨有它原本的架構和主張，如何進去重新啟動它，是需要花一點時間思考的。此外，我們也在想，有了時代力量的一番起落，此時是不是還需要去開拓和壯大一個新的本土政黨，我是猶豫的，於是就決定先擱置這個議題。

在台灣政壇，無黨籍從政者想要當選，不外乎兩種狀況：一種是派系

林亮君競選台北市議員連任，簡余晏（右）助選，2022年。

支持，另一種是財力雄厚。我兩者皆非，確實比較辛苦，要繼續往前走，就得與理念接近的政黨合作。從二〇一八年的時代力量到現在，我們幾席後來以無黨籍身分連任的議員，都覺得很幸運，很值得珍惜。

無黨籍議員要避免單打獨鬥，必然得要選擇合作對象，除了大黨，議會還是有小黨，這是我們這個世代努力在做的社會實驗，目前為止還不算成功，[3]但並不表示小黨的空間不存在，只是現在還沒有團體能提出足夠好的論述去承接這樣的空間，結果是民眾黨先佔住這個空間。社民黨其實很優質，但是聲勢沒有擴大；基進黨的路線比較激進，支持群眾就沒那麼多，政黨要擴張的話，勢必要往中間靠攏，但我覺得，對基進黨而言，這樣比較不容易，基進黨的政治立場絕不可能往中間靠攏，不能容忍與中國關係曖昧。單純談意識型態的論述方式，年輕人可能比較不喜歡，這是基進黨所面臨的困境；社民黨現在全部的希望都在苗博雅，說實話，社民黨一直沒有特別以政黨的方式運作，二〇一六年，他們有很多立委候選人，像是苗博雅、范雲、李晏榕，現在只有當選台北市議員的苗博雅一枝獨秀，這個黨有沒有要重啟政治上面的進程，把藍綠以外的政治空間撐出來？我不知道，可能要等待某個契機吧。

昔日的時代力量夥伴，對於政治工作都還是有很多未完成的目標，像是順利連任議員的曾玟學、當選立委的黃捷，成為政治幕僚和準備東山再

3．本篇訪談時間為2024年12月。

起的吳崢、黃郁芬、廖郁賢等人，彼此還是保持聯繫，畢竟大家是戰友，又這麼年輕，三一八學運之後，短短幾年就走過那麼多風風雨雨，真是太快了——如果時間拉長一點，韌性強一點，不要輕易決裂，這樣對小型政黨會比較好，會有時間磨合，長得比較健全，根基比較穩固。

樂為世界人，台灣名譽馨[4]

二〇二三年，賴清德副總統找苗博雅參選大安區立委，也找了吳崢去選中和區立委，他希望可以跨出民進黨既有的能量，與外界年輕世代結盟。我和吳崢都在賴主席的推薦之下加入民進黨。

即使已經加入民進黨，我認為還是有需要——而且有可能——長出一股新的力量，但是，我也必須很坦白地說，我努力過這幾年裡，小型政黨聚積的能量並不會就此消失，非藍非綠的支持者仍然存在。到底哪一個政治團體要來承接這樣的力量，我不知道，但是，未必會在我這個世代身上成真。它或許是下一個世代的任務，我認為，自己必須守好原本既有的這一些政治能量，這是我這個世代可以做的，所以我選擇加入民進黨。

大黨與小黨的狀況當然有差，第一個是，在大黨裡面，每次一接近選舉，大家就開始想，誰是不是屬於哪個派系，誰又屬於哪個派系。當時是

林亮君競選台北市議員連任，2022年。

賴清德主席邀請我入黨，其實就是在民主大聯盟這樣的一個框架下，希望擴大民進黨的支持度。我的這個世代，譬如吳沛憶、吳崢、黃捷、賴品妤、黃守達、張之豪，我們都參與了太陽花學運，如大家所知，有些人現在已經屬於特定派系，未來我也可能屬於某個派系，但是，在很多進步議題的合作與串聯上，我們其實互相聯繫，我們就是學運世代，並沒有因為派系，在黨內只與特定的人在一起，也就是跨出所謂的派系。我會這樣定位自己。

對於我們這個世代——也可說是學運世代——大家會有一種期待與寄託吧。學運世代上面貼了一些標籤，第一個當然因為當時反對《服貿協議》，堅決反對中國勢力滲入，守護台灣，這個標籤是最大的；其次是很多進步標籤，譬如說性別平權、勞工權益，這些標籤都在我們身上。

相較年齡層更往上的群體，譬如說四十世代，大家看待我們這個世代，所要承載的任務與傾向於年輕人的議題，都是我們這個世代在處理。我的選區也有比我資深的民進黨議員，大家看我們就會不太一樣。我們經歷過太陽花學運，選民對於我們的期待與目標就完全不一樣。民進黨內現在大概還沒有特別對學運世代有什麼樣的期待，但我們自然而然就會形成一股力量，自我要求。

我曾經歷第三勢力小黨興衰的過程，很能理解第三勢力小黨的生存很

4 · 語出蔣渭水所作〈台灣文化協會會歌〉:「但願最後完使命 樂為世界人／世界人類萬萬歲 臺灣名譽馨」

不容易。時常有人問我，台灣是不是有空間容得下第三勢力，或是第二個本土政黨？我的答案始終是肯定的。二〇〇九年，陳水扁涉貪判刑，人民對民進黨非常失望，之後我的老闆簡余晏問過我想不想參選，我當時的想法是，如果要參選，應該不會掛民進黨之名，因為我對民進黨也有點失望，如果在藍綠之外有其他政黨，我就會選擇其他的政黨。

這是為什麼二〇一八年我願意接受林昶佐的邀請，代表時代力量參選台北市議員。我相信，原則上第三勢力是好的，第二個本土政黨是應該存在的，未來如果出現體質好的本土政黨，有很好的民主機制，我當然樂見其成，因為那代表中國因素不再是影響台灣政局的亂源，大家直接比拚政見，不用憂心誰是中共代言人。

二〇二四年五月，立法院的亂象激起了青鳥行動，我到過現場好幾次，總會遇到十年前一起參與太陽花學運的老朋友，還有很多社運現場的熟面孔。年輕的朋友就更多了，大家都好有創意，會用自己的方式表達意見，寫看板、做布旗飄帶、穿標語T恤、現場彈唱等等，也很勇於上台短講，口齒清晰，頭頭是道；他們未必見得支持民進黨，很多年輕人看起來是剛開始參與公共事務、接觸政治議題，他們會自主地在社群上串聯行動，也強調青鳥行動沒有大台，[5]大家都是自己行動。這些現象都讓我好感動。

5．參閱蔡亞涵，〈社會運動是什麼？一個「參與者回復知覺、自我改造的場域」〉：「無大台指的是『不需要統一的對外發言人、不需要集中話語權、不需要由特定單位／個人發號施令以控制運動』，是一種直接且嘗試去除門檻的參與形式。」關鍵評論網2020年10月15日發布。

林亮君競選台北市議員連任，2022年。

太陽花學運最後達成了立法院長退回重審的承諾，雖然有很多人不滿意，至少嚇阻了馬英九政府想要突襲冒進的意圖。青鳥行動目前的主要成績是給藍白陣營巨大的壓力，這麼多年輕人走上街頭，被抗議的政黨還是有壓力、會害怕的。任何想要持續發展的政黨，都會希望得到年輕世代支持，我希望年輕的青鳥們可以理解，走在民主的道路上，其實很像跳探戈，有時候進，有時候退。民主又是脆弱、珍貴的東西，要謹慎保護，不能鬆懈。

年輕人對政治感到焦慮不是壞事，當我們說別人不理解，政治人物養樁腳，散布不實資訊，年輕人很可以現在就開始設法影響身邊的人，讓自己成為一個小樁腳；學著傾聽、說理和溝通，同時要保持健康、堅定的身心狀態，因為民主是長期的奮鬥，要比氣長。

每個世代的台灣政治人共有一個重要任務，那就是守護台灣。到了我們這個世代，任務還加上一個，就是讓台灣走入國際社會，像是苗博雅、吳沛憶參加了美國國務院的國際領袖人才訪問計畫，[6]黃捷也被《時代》雜誌選為二〇二四年年度次世代百大人物。[7]蔡英文總統八年在任期間，台灣在國際上的能見度達到前所未有的高度，我覺得，這樣的標竿是讓我們這個世代的政治人物與有榮焉，並且還要繼續努力的。

6．International Visitor Leadership Program，美國政府於1940年啟動的交流計劃，邀請各國各領域現任或未來可能擔任重要領導職務者赴美短期訪問。

7．參見中央社2024年10月3日報導〈入選時代雜誌次世代百大人物 黃捷：積極為人權發聲〉。

II 現場

（之內）

關於原住民和政治的一切

Savungaz Valincinan

二十七歲，學生（成功大學航太系）

三十七歲，NGO工作者（台灣原住民族青年公共參與協會理事長）

Savungaz的原住民權益

我是Savungaz，在都市成長的原住民族青年。父親是外省二代、母親是布農族。在高中以前，我並沒有原住民身分，直到高一升高二時，因為家中的經濟問題，在父母協議下，改從母姓，成為了「法律上的原住民」，也開始了一段漫長的自我探索與認同困惑。

大學時期，我就讀的是工學院。二〇一一年到二〇一二年，因緣際會地參與了幾件原住民族重大事件受到啟蒙，而後全心投入原住民族權利運動，包括反美麗灣BOT案、蘭嶼達悟族人反核廢料、台東Katratripulr部落[1]反對公墓遷葬等。除了原住民族議題，也關心參與許多人權議題，從校園內的反教育商品化到校園外的反迫遷——包括士林王家、反南鐵東

1．此為卑南語，音為卡大地布部落，又稱卡地布部落（Katripulr）、知本部落，舊稱為卡砦卡蘭部落（Kazekalan），位於台東縣台東市。

移、大埔案、Ljavek部落[2]。個過程中，在街頭上許多原青夥伴彼此結識——也是後來成立原住民族青年陣線（原青陣）的基礎。

二〇一三年初，我和另外兩位夥伴組隊參加了第一次的兩公約國際審查會議。我們以台灣原住民族政策協會志工的身分，參與第一次ICCPR & ICESCR（簡稱人權兩公約）國家審查中的原住民族權利影子報告撰寫並全程參與會議，這讓我更進一步爬梳了原住民族權利運動與國家轉型正義之間的關係。

當時政府第一次舉辦這樣的會議，邀請國際人權專家來審查台灣的人權落實現況。這其實是參考了聯合國的公約簽署國家要每幾年接受一次審查的義務，但因為我們不是聯合國的會員，就自己建構出了這樣的模式。[3]也因為是第一次，大家都不太知道那是什麼樣的國際會議、要做什麼準備。我和阮俊達——我和他在二〇一二年在台灣人權促進會的人權營認識，決定要一起來嘗試看看寫報告。阮俊達找了另一名排灣族的學長黃傑——現在是執業律師，三個人組了一個小隊。時間有限，我們梳理一些近年重大的原住民事件，對應兩公約的條文與一般性意見要求，試著闡述台灣原住民族仍遭到權利侵害的現況。

到了審查會議期間，三人小組要參與每一個時段的會議、還需要隨時準備補充資料回應國際專家的提問。人手明顯不足，我們又找了許多夥伴

Savungaz（左三）和成功大學原交社成員，2012年。

來支援。在反美麗灣運動認識的阿美族夥伴Daong帶著學妹Yuli來探班——這是我和Yuli第一次相遇。後來Yuli被留下來支援，直到幾天的會議結束。

我還記得，那時正在準備向兩公約審查委員解釋一次公投，關於核廢料永久儲存場址，地點選在台東的南田部落。台東地形狹長，而南田部落位於非常南端的區域，若進行公投，卻是整個台東的人都可以投票表決，而即便是有許多原住民族族群居住的台東縣，主要組成人口仍是漢人。所以我們得畫一張地圖，讓審查委員知道部落的相對位置，以及這次公投哪裡不公平。審查會議開始前，我們認為審查委員很專業，他們也的確如此。隨著會議進行，我們卻發現，他們雖然是專家，但非常不了解台灣。他們在不同領域工作過，對於公約或權利的概念和論述可能很熟悉，對於個別的地方議題並不熟悉，依賴政府或民間團體提供資料。政府提供的資料往往是官方說法，所以我們要花很多力氣反駁，提供更多的證據，證明事實並不是政府講的，以及實際狀況是什麼，還必須中英文轉譯。

原民身分與大社會碰撞，當代原住民青年的（另一個）成人儀式

很多原住民青年的原民身分啟蒙發生在大學時期，即便在部落長大，

2・音為拉瓦克，參見中央社2024年3月24日報導〈高雄唯一都市原住民部落「拉瓦克」最後一戶搬遷〉。

3・台灣參與之規定及記錄，參見法務部人權大步走網站：www.humanrights.moj.gov.tw。

或一開始就有原民身分的青年，通常需要經過一些衝突和外部刺激，而最大的外部刺激往往是在上大學期間。在這個時期，來自部落的學生接觸到更多生命經驗截然不同的外面的學生，發現這個世界並不認識我們，而他們自己對原住民的認識也有限，南投的布農族甚至會發現：啊，原來高雄也有布農族。那樣的衝擊跟認知族群多元性，都是在生命經驗當中去建構的，並不是只有原漢混血的孩子會經歷認同的過程跟突，當代所有的原住民青年都會經歷這個過程。

所謂的族群意識往往不是生而有之——或者是說，即便有表面的族群認同，對於原住民族權利內涵的認知需要更多經驗和學習的過程，通常是發生一些事情以後，自己的人生瞬間翻轉。聽了很多原住民青年的故事，我就發現，在教育系統裡，沒有人教我們怎麼認識自己，從來沒有人會引導我們認識自己。在我小時候，甚至沒有本土語言教育，成長的年代裡，學校也完全沒有跟原住民有關的資訊。所以大部分原住民經歷了受傷的過程，意識到「原來我的身分不一樣」「原來這個社會這麼看待我」，當中有很多不公平的地方，背後甚至有結構性的法律面、制度面的問題，而不是單一個案的歧視這麼單純。目前二、三十歲的年輕人裡，這是蠻普遍的成長過程。

我常常開玩笑說，我們一起關心議題的原青夥伴都是在馬路上認識的。的確，我們總是在街頭運動中相遇，後來彼此扶持、一起長大。但這樣的我們，在原住民族青年當中仍是少數。二〇一三年的年底，發生了另一件社會重大的對立議題——多元成家三法案，其中包括備受討論的同婚議題。我永遠不會忘記，二〇一三年十一月三十日，護家盟在凱道舉辦了第一次的大型反同集會，那時各種網路直播功能剛剛開始，於是我們看到了那個現場——原住民的教會牧師帶領著原住民的信眾、用布農族報戰功的方式宣稱著我們原住民都是「一夫一妻、一生一世、沒有同性戀」。我大學的學弟打電話給我，身為布農族、基督徒、男同志的他，哽咽地說著：「我被多重否定了。」

於是我們集結了幾個原青夥伴，共同起草了一份聲明，試著從原青的視角闡述。我們並不認為我們的「文化」是反同的，或許只是還沒好好一起討論過。這份聲明邀請了當時各大專院校的原住民學生社團連署，但我們到底要怎麼發出這份連署？大家決定要開一個臉書專頁，取名「原住民族青年陣線」，於是在十二月二十四日凌晨正式發出這篇聲明，獲得許多回響，原青陣也就此成立。

Savungaz所知與所感受的太陽花運動，其中有各種落差

二〇一四年的太陽花學運像是多個抗爭運動的總和，時間和參與人數的規模比先前任何一場運動都來得大。三月十八日那天，我與Yuli跟著其他議題結識的社運夥伴衝進立法院。後來佔領持續，我留在議場內，Yuli則是到了議場外，和其他陸續集結的原青夥伴，一面支持著議場內的佔領，一面思考著原青的在反服貿的議題當中要如何思考。後來在林森南路麥當勞旁的小空地，舉辦了幾場原青反服貿論壇。

那幾年，各地都有抗爭，透過橫向連結，大家認識很多不同議題的參與者，哪邊發生什麼事情，就互相詢問有沒有空，然後一起去支援。三月十八日也是陳為廷打電話來說，可能要衝一波立法院表達意見。當時的我們都沒想到，那會是近十年最大規模、持續時間最長的一場抗爭行動。那時候，我在田秋堇委員辦公室當工讀生，那間研究室所在的委員研究大樓是立法院周遭最高的建築，視野很好。白天的時候，我先帶陳為廷上去觀察地形，然後才決定從哪裡走、怎麼進立法院。我之後才知道，除了我們衝進去的濟南路康園側門，其他每個門都有一群人待命，講好時間到了就衝一波。

原青反服貿論壇，2014年。

Savungaz在三一八學運衝立法院現場，2014年。

過去衝一波，從來沒有佔領什麼地方或擋下什麼，很快就被警察清場了。這次占領議場以後，一旦發現議場的空間其實易守難攻，大家便很快速地設法就地取材，封門擋路。第一波警察攻堅沒成功，接下去民進黨的立法委員守在議場門口，立法院院長也沒有下達命令，所以警察不敢有更大的動作。很有趣的事情是，這不是隨機發生的事件，而是一次有組織性的行動，但並沒有預料到能夠佔領議場這麼久。過去很多年的抗爭，大家本來就有串聯、一起行動的經驗，所以才能夠有效的造成一些影響力。

當時立法院外面已經有原住民青年集結，Yuli想要出去幫忙，我也一直在思考，幹嘛一直待在裡面。可是一些原住民的哥哥姊姊說，Savungaz絕對不能出來，在國家重大的時刻，要讓大家知道原住民青年也沒有缺席。他們甚至想要送族服進來，要我每天穿著，後來一時找不到我穿得下的尺寸而做罷。

一樓的中間是議場，外側有迴廊，二樓是迴廊型的，和一樓空間相通的記者席也隔著高高的玻璃屏幕。因為建築構造的緣故，立法院的二樓跟一樓相互分隔，無法直通，我後來就駐守在二樓。起初二樓發生一些事情，大家有點互相猜忌，怕有人是什麼內奸什麼的，林飛帆問我，可以上去控制一下場面嗎?我就說，喔好。上了二樓，我發現空間感跟一樓非常不一樣，一樓每天都有宣講，跟群眾對話，但是二樓完全沒有這樣的場域。我認為必須有人待在二樓，持續陪伴參與的這群人，也盡可能促進溝通，避免衝突。

一樓跟二樓之間有一些經驗差異造成的矛盾，做決策的那群在一樓，但二樓這群人又很重要——警察雖然不會清場，可是他們鎖住大門，不讓任何人從一樓出入，僅有的通道就是二樓，在青島東路那側架梯子，每天都有大量的人要從那裡進出，所以我們負責「管控」——一開始有人覺得這是「學生運動」只能放學生進來。但我又覺得，群眾運動誰能決定誰的參與呢？和二樓夥伴持續討論後，慢慢建立了放人的默契和標準只有兩個：身上沒有危險物品、場內空間人數容量允許。

並不是所有人都可以長期參與這樣的佔領行動，有人要工作、有人要顧家，大家只能接力進行。場內人數會一直流失，所以一、二樓的合作方式，就是一樓會回報還需要幾個人、二樓負責引導外面的群眾進場，雙方變成這樣的合作關係。

二樓的人群自知這個位置很重要，願意駐守二樓，但無法參與討論跟決策，又會有很矛盾的心情，所以我們在晚上開讀書會、對於運動進程的內部討論會。後來，決策小組開會的時候，他們希望二樓也要派代表，我就去了，把討論內容帶回二樓。但隨著運動不可預期的發展，開始出現讓我並不舒服的討論，例如反服貿變成反黑箱，真的是群眾的共識嗎？開會

Savungaz在立法院二樓，2014年。

時，黃國昌會用一種學者的姿態，直接否定別人的話，非常驕傲，可是所有行動都是別人在實行。後來我就和別的二樓夥伴交接，不去開會了。這種無法接受的感受，或許和我剛開始參與社會運動的時候被教育的有關。最開始有組織的參與，是大學校園內的學長姊帶我們的時候，告訴我們第一件事叫做運動倫理、不是目標跟立場。所有參與者要有同樣的、充分的資訊，每個人會面臨的風險是什麼，我們要共同決定承受到什麼程度，最後才決定怎麼行動。可是，佔領議場時每天資訊瞬息萬變，人又是流動的，所以我可以理解當時不好操作，可是我會認為，在討論裡，決策小組根本沒有意識到應該要試著去做這件事，我感到很不舒服。

直到最後，決議要退場了，陳為廷被派到二樓跟我們「溝通」這件事。我只問了兩個問題：這是決議還是溝通？他說，是決議。我說，撇開這個決議，你累了嗎？他說累了。我說好吧，那就這樣吧；這個討論就結束了。之後二樓內部彼此分享，認為在整個運動目標上，事實上根本沒有獲得何任承諾，沒有辦法歡歡喜喜的離開。於是我們寫了一篇〈二樓奴工宣言〉，並且拒絕和一樓一起走大門退場，而是從大家進來的地方——我們守著二十多天的青島東路梯子離開。

原青夥伴也一樣。佔領議場的過程中，國民黨執政的原民會竟然發公文到各個原鄉的公所，宣稱台北街頭正在發生的事情是「非法活動」，呼籲族人不要參與。佔領運動退場以後，大家仍焦慮著，我們的部落與族群，真的在這個過程中得到足以判斷的充分資訊了嗎？於是大家又陸續到部落自發舉辦了好幾場的反服貿講座，試圖對話，但效果當然極為有限。

這場運動的過程中存在很多落差，可以從後來的訪談或各種紀錄中，看見許許多多人其實有或大或小的運動創傷。一樓和二樓的、場內和場外的、舞台上的和賤民解放區的、原青和其他公民團體或乃至整個主流社會的。此刻的回顧也不是想控訴什麼，但也總會想著，如果再來一次，我們可以從十年前學到什麼？

在工作中學習，了解政黨運作

佔領結束後，我消沉了一陣子。辭掉了在原民團體的正職工作，除了仍維持在田秋堇委員辦公室一週兩天的見習，幾乎沒有力氣做其他事情。直到七月，田秋堇委員推薦我去民進黨中央黨部工作，當時我想著，我們那幾年關心的議題都是高度政治的，但政治實際運作的樣貌是什麼？更具體一點說，政黨在選舉與理念之間要如何取得平衡？我抱持著想要理解這些的心情，進到了當時的社會運動部。

那時第一個要面對的是地方選舉開跑，而中央黨部在地方選舉裡的角色比較是後勤支援，也會被分派到地方進駐輔選。當時我被分派到了我母親的故鄉南投縣的縣長選舉輔選工作。地方選舉的各種利益折衝、人情連結，的確是衝擊了我。也讓我打開分析政治在藍綠政黨色彩之外的視野。在南投的四個月，有學習，有挫折感，也會不斷新思考：現在正在做的事，和我們的理想有多大的距離？但我在過程中給自己立下了一個目標：好好的參與完一次地方選舉、一次中央選舉的工作，好好的觀察與經驗政黨運作。

地方選舉結束不久，很快要準備二〇一六年的總統和立委選舉。我的核心關懷仍是原住民族議題，所以請調到原住民族事務部。原民部的主要工作除了支援總統選舉、還有協助輔選兩位山地原住民及平地原住民的立委候選人，而因為我是山地原住民的身分，主要被分配到山地原住民立委的選舉組織工作。原住民立委的選區和總統一樣大。那一整年，我走過許多部落，也看見了在部落談論政治的困境，理解為何支持國民黨以外的選擇如此困難。地方政治長期被國民黨把持，在原鄉地區是更為深入，那不只是政黨理念的選擇，更多的時候，是家族關係，是不敢反抗掌有資源的人，害怕難以繼續在部落生存這樣的惡性循環。

我永遠記得那一年，開票之夜的活動辦在中央黨部樓下，從原民部旁的小陽台往下就可以看到。我們一邊看著網路開票，一邊參與著那個激情的氛圍，但我總有種格格不入的感覺。開票結果，蔡英文當選了總統，平地原住民立委也順利選上，而山地原住民立委候選人、我很敬重的原住民政治工作前輩瓦歷斯・貝林，則以三千多票之差落選了。當整個辦公室其他部門都在歡聲雷動的慶祝，我一個人躲在陽台大哭。好難，真的好難，要翻轉原鄉的政治選擇好難、要讓同樣政治光譜的人理解原住民族的政治困境也好難。

民進黨執政了，我認為我的政黨學習階段也告一段落，便離開了民進黨中央黨部的工作。當時原青陣的夥伴想著，我們還能做什麼？就算我們相對支持的候選人當選，那原民權利議題就能夠在政治上順利進展嗎？可能不是。於是我們決定來做一個追蹤原民議題的監督平台，以蔡英文選舉時的原民政策白皮書為架構，盤點相關的法律修正和政策推動的清單、並分門別類的標記進度。有點諷刺的是，我們花了很多時間整理資料庫、檢核進度、撰寫短評與說明，當我們開記者會公布網站後，第一個得到的回應竟然來自原民會，批評我們的資料有誤等等，但沒有更進一步的具體對話。

民進黨執政這幾年，最可怕的事情是，大致上我們會看到社會在進步，但是，對原住民來講，社會的進步好像只是表面，我們的訴求核心並沒有得到太多回應。那八年，當台灣社會整體進步的同時，原民議題仍然

Savungaz在民進黨中央黨部任職期間，2015年。

邊緣，許多的訴求仍是停滯不前，甚至也有政策方向與我們所期待的背道而馳的情形。像是傳統領域劃設辦法在定義上排除了私有土地的適用，甚至因此讓我們的原運長輩在凱道佔領表達訴求，轉眼二六四四天，直到蔡英文卸任。

各位能了解那種矛盾嗎？我們投票時都支持蔡英文，也當然看見與理解蔡執政八年台灣社會有多大的進步，身為台灣公民，我們這些原青都感同身受。但回到原住民青年的這個身分，仍然是失落的心情。

在城中搭建Lumaq

反服貿佔領行動後，Yuli發現自己懷孕了。她回到南部，努力工作照顧孩子，淡出了原青陣好長一段時間，但我們仍時常聯繫。二〇二二年，Yuli的孩子大了，她有比較多餘裕，在很多次的聊天中也提及，現在的自己仍想回到和我們並肩作戰的位置。原青陣許多夥伴也是這樣，學生時期還能夠無役不與，畢業後有了更多的生活壓力，能夠一起行動的時間少了許多。比我們更小的弟弟妹妹，在相對安逸的政治環境中，也比較不容易有意識地參與政治倡議的討論。

我們就在想，如果我們希望這些倡議工作能夠持續，勢必要有更多青

Savungaz（右）和Yuli Ciwas（左）在Lumaq，2024年。

年投入，那有「一些些經驗」的我們，能不能來主動的做些什麼培力工作？Yuli很有興趣，我們決定成立協會來運作推動這樣的理想，Yuli也願意到台北一起工作。我們開始一邊跑協會成立的流程，找願意參與的原青夥伴加入，也一邊找辦公的地方、和Yuli上台北以後的住處。

我一直有個夢想，希望可以找一間兩、三層樓的房舍，一樓可以做對外經營的空間，二樓可以做辦公跟培力的空間，三樓可以做民宿，同時自己可以住。就在找空間的過程，看到西門町邊緣的一間百年老屋：哇！這是我的夢想小屋！我們把房子租下來，取名為Lumaq——布農族語「家」的意思——一樓開咖啡店，二樓當辦公室，也是我們的住處。老房子和區位受到法規限制，Lumaq不能經營民宿業務，但原民青年到台北來辦事情的話，我們有空間可以收留他們好好休息。

我常常覺得，如果因為缺錢而被限制住行動，我們就什麼都不用做了。這個社會最大的困境就是階級，這個階級在資本主義的社會就來自金錢。長輩會告訴我們，你還沒有經濟能力，怎麼可以開一間店？怎麼可以借錢出國旅行？應該要先賺錢、存錢。家人和長輩對我們的擔心都跟錢有關，因為在這個世界上，沒有錢就是活不下去。為了要翻轉自己的階級，我們就努力賺錢，那只是把自己的位置換到有錢的階級，並沒有真正打破階級；所以我們要做事，應該要說服有錢的人來出錢。

經營議題很長一段時間後，我發現一件事：很多人有一些金錢上的餘裕、但不一定有時間上的餘裕，我們要給她／他一個理由，想辦法讓這些人努力賺的錢，花在值得的地方。我也在突破我自己，畢竟開口跟人家要錢沒有這麼容易，但我知道，原則上我的邏輯是對的，我不是要去騙對方的錢，而是我們要做一件有意義的事情，對方沒有辦法親自來參與，可是她／他可以出錢作為一種參與。我們要想辦法讓大家知道我們有能力可以做事情，然後讓有能力賺錢的人，把錢拿出來支持我們做的事情，這是我一路以來思考的脈絡。

我一直都有個信念：我們不怕沒有錢，怕的是沒有目標。所以原青陣成立以來，一旦有個目標，我們就會先規劃成ABC方案：如果拿到一筆大錢，我們的A方案就是直接把它做好，如果拿到一筆小錢，我們就走B方案，簡單一點地做，如果根本拿不到錢，我們就會想，有沒有什麼帶便當打仗的做法？

我們就是這樣子一路打仗。學生時期或是剛畢業那幾年，還很熱血的時候，大家可以一直這樣子做，但是最終每個人還是要回歸到自己的生活，需要求生存。要大家一直用這種苦哈哈的方式運作，其實不太對，人力也會一直流動，沒有辦法累積，我們雖然有目標，也沒有足夠的人力來執行。

原青陣這十年來的實驗期已經給我們很多經驗，知道要長期經營一個議題導向的組織，必須要培養年輕人，他們持續加進來，這個組織才能長久生存，這需要一個真正穩定的組織架構，還需要定期募款，不能像我們以前那樣，有需要就去拜託哥哥姊姊幫忙找錢。

二〇二二年底，台灣原住民族青年公共參與協會成立，我們又邁出了新的一步，當然，一切也仍在練習中、實驗中。

從布農獵人王光祿案到野放黑熊事件的衝擊，決定參選立法委員

二〇一五年開始，原青陣長期投入聲援布農獵人王光祿（Talum Suqluman）事件。二〇一三年，王光祿因為再日常不過的上山狩獵，被判刑高達三年六個月，經過釋憲和兩次非常上訴，直到二〇二四才終於獲判無罪。對我來說，這個案件有著完全不同的感受——因為我們同為布農族人。過去各種議題的參與，都有種「幫忙別人」的距離感。但當王光祿叔叔聽到我的名字，露出驚喜的表情告訴我，「我的女兒也叫 Savungaz」那一刻開始，這對我再也不是「別人的事」。在各種聲援行動之外，偶爾路過台東，我也會去看看叔叔，和他的一家人建立了更深的情誼。另外，在這段漫長的過程中，有許多法律人投入，讓我覺得除了上街抗議，應該

要有一些更專業的能力，才能夠更有力量的陪伴族人，我於是從二〇一八年開始就讀法律研究所。

二〇二二年，有一隻北部山區的黑熊被異地野放到南部的山區，那裡不是牠的原生地；這隻黑熊向北移動、似乎想回到原居地，過程中闖進了部落族人的果園，被陷阱抓住。這個狀況讓當地一對布農族祖孫非常緊張，用獵槍打死了黑熊。他們可能隱隱知道黑熊屬於保育類動物，但不知道如何處理，就打電話和在外島的舅舅商量。舅舅建議他們不要聲張，把黑熊埋起來。後來林務局透過定位機制找到那隻黑熊，舅舅涉及教唆犯罪，祖孫兩人成了罪犯。

這個案件發生在武界，正是我的隔壁部落。[4]我一知道，就打電話給武界部落的長輩，問到當事人的聯繫方式，我想要確定，在非常混亂的過程中，是否有人向他們解釋他們的司法權利，包括應該有律師陪同，確保在司法程序上不會受到不公平對待。那天晚上十點，我人在埔里，好不容易知道了那對祖孫的電話號碼，我立刻聯絡。接電話的是其中的阿公，接到陌生人電話，他超級慌張，我說，我是原住民的青年，你們有沒有需要法律上的幫忙，我們有一些熟悉原住民議題的律師可以協助，我可以去拜訪你們了解一下嗎？電話那一頭的阿公聽起來很緊張，直說不用不用，我們的律師等一下就來了——當時是晚上十點，這當然是推託之詞。

左為王光祿案憲法法庭開庭前夕，原青陣發起夜宿司法院與狼煙聲援行動，2021年；右為王光祿獲判無罪後北上受訪，並和原青陣夥伴於太陽花學運十週年晚會上台分享，2024年。

那晚掛完電話，我在路邊又掉了眼淚。心想，我一定要幹一件大事！要嘛成為原住民議題專業的律師，要嘛是當立法委員。當時我覺得律師考試比較難，選立委應該比較簡單，但現在知道：兩個都超難！

在廣大的選區及議題裡折返與前進

我大概知道參選舉可能遇到的困難，投入前已有心理準備，後來遇到的狀況也確實沒有超過我的預期太多。

我出來參選，會和我們的同溫層拉扯，也就是會重疊民進黨立委伍麗華的票源。原住民立委選舉採複數選區制，我跟現任的伍麗華並沒有直接對打的關係，大家應該努力，讓具有進步力量的參選人當選兩席，甚至三席，為什麼大家會覺得這些位子是國民黨的，我們只能搶一席、兩席？為什麼泛綠陣營不能合作？選舉很複雜，沒有人敢說自己一定當選。很多人看到伍麗華受對手攻擊，擔心她落選，又覺得Savungaz反正選不上，不想浪費選票，還是把票投給伍麗華。結果，伍麗華的得票數反而比上屆選舉還要高。

過去十年，我一直很衝很勇猛。我可以衝在最前面把路打開，讓大家都進去，誰拿到話語權，我覺得不重要，因為我很天真地覺得，我們的目

4．Savungaz成長於台北，父親為所謂外省第二代，母親為布農族，出身南投縣曲冰部落。

標是事情被達成，所以我甘願輔選那些跟我們理想接近的候選人。久而久之，我發現我們真的很在意的事情，只有我們自己能夠正確的詮釋，正確的發聲，而不是被代言甚至被利用。話語權很重要，為了這個，我們自己要去爭取，搶到位置這件事情，真的是他媽的超重要。這是很現實的事情。所以不管是選舉或者是要統籌一個長期經營的協會，話語權是很大的目標，因為原住民議題一直以來都是被他者詮釋。我現在的觀念跟十年前最大的不同，在於不要再覺得自己是小輩，想說的話就自己來講，如果有人不爽，那就請他們批評我。

參選這一路上，很多地方長輩會說，你沒選過議員，你沒選過鄉長，先去選鄉長、先去當里長啦，你需要基層經驗。因為大家習慣認為要從基層做起，從村里長到議員，再到立委，這才是大家覺得正常的路徑。一般選區可能是這樣沒錯，因為參選者經營的是同一群人，但是在原住民選區，選鄉長或是議員可能在自己的家鄉，但是選立委是要跑遍全台，選民結構非常不同，和鄉長或議員的選區只有小部分重疊。

布農族的選民很尷尬——在山地原住民選區，我們是第三大族群，可是上次選出布農族立委，已經是三十年前了。我決定參選的時候，有人喊出布農族大團結，推派一名連任失利的鄉長參選立委：首先，鄉長連任失敗，在原鄉地區已經非常難看。原住民地區的選民慣性比較強，選得上第

Savungaz在立法委員政見發表會，2023年。

一任，通常就會選上第二任，他卻在四年以後，競選第二任不成，那就代表鄉民覺得他做得不好。結果，一群老人家卻要推派這個人選，因為他「有基層經驗」。我就在想：除了自己的家鄉，對於整體原住民事務，一個原民部落的鄉長有過什麼樣的經驗、努力或是發聲嗎？他對於整體的原住民處境有什麼見解？立法委員的職務跟地方事務的差異，其實他都不清楚。

那位前鄉長本來要用「布農族大團結」的名義爭取國民黨提名，因為我堅持參選，「大團結」被我破壞了。國民黨本來就沒有要提名他，他竟然改去爭取民眾黨提名。選舉過程中，他的政見果然跟立委工作幾乎沒有什麼關係，用選鄉長的格局參選立委。

原住民與立法委員的權利／力關係

二〇二三年四月，我宣布以無黨籍身分參選山地原住民立委。沒經費，沒政黨奧援，最核心的團隊就是Yuli和我當時的男友。我們三人時常一天開車十幾小時去跑部落、拜訪選民，也跟族人一起抗爭，或是接受陳情，設法解決問題。但我也一路被批評太年輕、沒有從政經驗、沒有知名度、破壞布農族大團結、不敬老尊賢。選舉過程中，我就一直被這樣攻擊。最後我們拿下六八四〇票，比前鄉長多了六九七票，在幾個布農族的原鄉，我甚至拿到前兩高的票數，讓不少人感到意外。選舉的過程，我常常說，我要當選真的需要奇蹟，但希望大家能和我一起創造奇蹟。回顧這場選戰，雖然我沒有當選，但是以我們的經費和人力，跟我們決定參選的匆促時程，大家都覺得我的得票數其實已經是奇蹟。選後陸續得到許多的回饋，很多人說，看到開票的結果，雖然距離當門檻還有一段距離，但差一點點就能拿回保證金了，讓他們很後悔沒有把票投給我們。這些支持真的很溫暖。

原住民的投票行為，地方慣性很強是一定的，但這是因為大家沒有其他選擇，只要有機會讓大家知道還有更好的選擇，原住民也可能改變投票行為。我們主要的票源當然是年輕人，但我們理解到，選民不會看著選舉公報決定投給誰。從得票結果我們發現，其中有很多地方票，投給我們的不只是年輕人，很多地方我們跑幾次，開出多少票，其實都合乎比例。但當前的原住民立委選制，對於挑戰者、年輕人、沒有政黨奧援的候選人，都太過於不公平了。

從在民進黨黨部接觸政治工作開始，就有人問，Savungaz 有沒有要參選，我一直以來的回答都是，我沒有排斥這個選項，只是覺得時機未到。我們看過太多所謂的理想型候選人，參選了一次，沒當選後就消失了。不知道當事人有沒有想過，票投給她／他的人會有多失望？三一八學運之後，許多新興政黨的候選人就是這樣。所以我的原則是，參選或從政這件事情是一輩子的承諾，一旦開始做，就算沒有選上，都必須保持「自己已經是一個走在從政之路上的人」這樣的心態，來回應大家對自己的期待。

一直以來，身為都市原住民，我感到我們離原鄉很遠，一開始的時候其實會有「我們憑什麼說話」的自我懷疑，可是我之後才發現，有很多原民青年返鄉都會抱怨一件事，就是她／他發現很多問題，可是地方壓力太大，沒有辦法講，而我們不需要去面對那種地方壓力，就可以扮演說真話的角色。

整體來講，在運動進程上，我們要繼續培養更多的倡議工作者，這是一定要做的。可是我們不能只有這樣，我們要有能夠在體制之內裡應外合的人，另外，我們要有願意回到地方蹲點，陪伴地方成長的人。參選立法委員其實是向我的族人應徵這個職位，去為族人發聲。可是對於原住民族人來說，不論都會區或原鄉，似乎還停留在威權時代對政治的想像框架，立法委員是官，提供幫忙就像給予救贖，我們去找立委幫忙，也好像是去求對方。

我出來參選，也是想要讓大家重新理解立委的角色跟功能，不然目前原住民立委在地方上就是比誰會找經費，一直關注一些蠅頭小利，完全沒有觸及立委的本業，包括修法、改善制度、監督政府政策等的角色。我覺得這就是再殖民，當我們自己的族人坐到有力的位置上，回頭把自己的族人當笨蛋，這件事情是我們看不過去的。

培力工作與連結之所並行

政治工作有個特殊性，它不是一個去應徵就有的工作。一個人想從事政治工作，往往需要機緣，但是當機緣成熟，她／他必須早有準備。政治工作這件事情是需要是有意識的培力，它不會自然而然的發生。我一直在想，我們怎麼樣能夠提供一個進入政治工作的選項？怎麼樣能夠去培養更多年輕的原住民政治工作者？當政治工作從來不是選項，就會有一個很嚴重的人才斷層。相較於整體社會的政治工作機會，原住民的部分真的太少了，即使是立法委員辦公室，原住民立法委員也就只有那幾個。

青年培力的第一步是讓大家能夠理解，我對某件事情不舒服，或是對某個政策不舒服，或是某個人對我的行為讓我感到受傷的時候，我要能夠去分析它背後的原因。以我個人的經驗來說，我曾經因為我們面臨的土地問題、文化斷層、不會說族語的剝奪感而感到不舒服。當然現在有族語課程了，我們開始被批評怎麼還學不會說族語！每個世代其實都有不同的不愉快的經驗，我們希望培力青年的是大家不用接受現況，不用逆來順受，可是自己要有能力去理解這個令她／他不舒服的現況背後的成因，可以進一步在很多環節上去改變它，包括在認知問題所在之後，分享給身邊的朋友，它就是一種社會改變的力量。我們會帶著弟弟妹妹去建構一個對於原住民族整體處境的理解，並且想像改變的方向是什麼，這是培力的第一步。

第二個就是連結所有散落在都會區裡的青年。很多原住民青年在大城市裡不容易找到跟他一樣的人，被邀請來到Lumaq或只是剛好路過，會說：「原來這裡有這麼多的原住民！」這是為什麼我們一定要有一個實體的空間。以前我們因為特定議題連結彼此，當時我們覺得缺乏適當空間是很可惜的，譬如說我們在麥當勞開會就只能開到十點，不然就要坐在馬路邊繼續聊。

當議題的號召力沒有這麼大的連結性，我覺得空間更為重要，因為空間本身反而是一個連結點，讓人有機會晃進來。也許透過講座、工作坊或其他活動的形式，只要人跟人能夠聚在一起，大家就會開始討論事情，那這些討論就會長出觀點跟想法。有了觀點跟想法，我們就可能有進一步的行動。這在網路時代更為重要，可以用網路很輕易的傳輸訊息的時候，人

Savungaz（中）在青鳥行動現場，左為郭稟翰，右為Yuli Ciwas，2024年。

們就會覺得不需要見面了，可是，很多的事情是在相處的時候激盪出來的，這是做組織需要空間的很重要的原因，而不是單純需要一個辦公室而已。

我不去想像跟期待我們下一個世代會長怎樣，畢竟我們自己就是活在被人想像跟期待的壓力之中。二〇一六年，我和Yuli跟世新大學社發所去菲律賓參訪當地的原住民組織。有一位當地的組織工作者說了一句話，我覺得非常有道理，也成為了我的信念。她說：「我們現在在努力的事情，不一定能讓我們這一代看到結果。但只有我們現在開始做，才有可能在我們下一代甚至下下一代看到成果。」

我們不要有「成功必然在我」這種想法，現在我們在自己能夠努力的範圍裡面去盡力去做就好了，接下去它會怎麼發展，怎麼成長，都是要一代接一代下去的事情。沒有哪一個世代在這一條漫漫長路當中是最重要的，每一個世代都很重要，而且我們要有意識的交棒給下一個世代。

這個工作需要先拋磚引玉，因為現在的弟弟妹妹可能也還不知道自己要什麼。培力工作有個很重要的前提，就是不要只是想把培力的對象變成培力方想像的樣子，應該要把力量、資源給予我們要培力的對象，而不是要他們來配合我們。

之前有人發文，某某某要來做原運四十週年活動，我感到很不舒服。

有些「前輩」透過原民運動得到了位置跟身分，以原運代表自居，他們「綁架」了原運，並藉此爭取自己的位置，否定年輕人這十年來的參與，以及街頭運動之外，也很多人陸續回到部落的努力。有一群人一直認為，原運只有他們三十年前做的某件事情才叫原運。假設民進黨只是一直在回顧黨外運動時期，而沒有看到建黨之後和解嚴之後這麼多年，民進黨的角色跟位置的變化，就會跟這樣的心態一樣荒謬。不忘初衷，持續努力，一棒接一棒，整個都是原民運動的一部分，我要說，原住民運動從未停止。

我一直跟夥伴們說，我們來試著記錄我們的運動過程，我們應該要透過出版留下東西，把運動裡面的人事物好好記錄下來。我們曾經存在跟努力的這一段不能被別人詮釋，只有我們自己可以來詮釋我們自己，這還是很初步的想法，但我覺得是必然要做的事情。

Yuli Ciwas（李垣臻）

二十三歲，學生（台北教育大學教育經營與管理系）
三十三歲，NGO工作者（台灣原住民族青年公共參與協會秘書長）

因水庫興建而不復存在的部落

帶咖啡去探班的當下，剛好是兩公約審查會議的休息時間，阮俊達他們要趕快收集上一場會議的問題，寫成一篇發言稿，在下一場做出回應。我印象很深刻，公務人力發展學院的中庭有張椅子，黃傑與阮俊達的筆電放在椅子上，Sa——Savungaz——就趴在地上畫台東的地圖。我其實滿感動，也很想參與。

認知到我的原民背景後，[5]我對迫遷之類的議題就很感興趣，因為外婆的部落就經歷過迫遷。認識Sa之後，我跟著她去參加記者會、講座等活動，跟著她到處去。我們後來一起跟著世新社發所組的科地埃拉日參訪團去了菲律賓，二〇一六年正好是菲律賓的選舉年，我們去看他們選舉的操作方式。那時候他們剛成立原住民的政黨，希望透過政黨經營的方式參與、繼續做倡議。

我會跟著去，是因為在菲律賓，水庫議題也非常嚴重，我家在石門水

5・Yuli Ciwas成長於高雄，外婆為泰雅族人，其出身之奎輝部落位於石門水庫淹沒區。

庫附近，本來我就一直在搜尋迫遷議題的相關資料。我們去了科迪列拉[6]，那邊做水庫議題運動非常久了，甚至可以組成政黨，聯合附近的居民共同抗爭。我跟著Sa去觀摩，學到很多。

我在大三、大四接觸原住民運動，太陽花學運發生在我大學畢業隔年。三月十七日晚上，青島東路有一場音樂會，Sa跟我說，「我帶你去聽音樂會。」我就跟過去。到現場後，Sa跟那些人很熟，開始跟他們講話，內容很多時候我聽不懂，並沒有湊過去，但是我聽到他們在講立法院裡面的結構什麼的，發現有些奇怪，結果沒多久，大家就衝進去。那個時候，Sa擋著柵門，不讓警察把門關起來，讓大家可以持續跑進去，我就跟著人群進了立法院。

當時我並不知道為什麼要衝立法院，只知道音樂會是為了阻擋《服貿協議》。跟著大家進到立法院之後，我在裡面大概待一週。前幾天警察想要攻堅，行動比較激烈，晚上要守夜，所以日夜顛倒。Sa那時候已經算比較核心的成員，她會帶著我，但是我並不會參與核心的工作，她／他們討論、開會的時候，我就去看其他人在做什麼，跟他們聊天。白天我到處亂逛，晚上就用椅子擋警察。差不多一週之後，決定要把人群分成一二樓，我覺得自己在裡面沒有什麼位置，同時在外面集結的原住民青年們開始有一些行動，可能我在外面能做的事情更多，加上三月底要去台東的南

Yuli在拆美麗灣抗爭活動現場，2013年。

王部落參加祭典——我的部落並不是南王部落，但是大學時期就認識的學姊來自那裡，所以每年的祭典我都會參加——所以我就跟Sa說，我要出去。

我先去台東參加祭典，又參加了一場好友的婚禮，之後就回到學運現場，但沒有進到立法院，而是和原青小論壇在一起。善導寺一號出口的麥當勞旁有一個公園，大家叫那裡是民主小公園。每天晚上，原青小論壇在民主小公園宣講服貿跟原青有怎樣的關係，因為很多原青是從外地來的，宣講結束之後，大家並不會解散，就睡在濟南路、青島東路。那一陣子，我的生活都在那裡。

太陽花學運之後，我發現自己懷孕了，這中間經過了好一段時間的掙扎，最後我決定把孩子生下來，好好把他養大，於是返回家中待產，後來也留在南部，在一個相當穩定的環境中，慢慢把孩子帶大。單親媽媽帶小孩壓力非常大，每個月要獨立支付開銷以及應對時間安排。我在南部養小孩的時期，同時還是會

認同夥伴們想做的事情，仍然在許可的情況下幫夥伴們一點忙。二〇二二年立協會，Sa打電話找我幫忙辦論壇，工作團隊有三十個人，大家都是兼職的。那時我的小孩已經上小學，到了可以自己吃飯、自己睡覺的年紀，所以我跟媽媽以及孩子商量之後，就就上來幫忙。

6．Cordillera，西班牙文，原義為山脈，此處指菲律賓之科迪勒拉行政區。

我非常支持Sa為原住民所做的事。過去十年，我們從事原民議題運動，開始的時候身邊夥伴很多，大家都非常有熱忱，但是隨著我們畢業了，有經濟、生活壓力，甚至有很多社會眼光的壓力了。然後爸媽會說，做這個事情沒有用。也有很多人陸續結婚生子，或是像我這樣沒有結婚但生子，也有人離婚了等等，大家都進入不同的人生狀態，關心社會運動並不是一件可以長久穩定進行的事情，慢慢變成大家的次要選擇。大家並沒有不想做這件事情，也不曾完全離開，但生活是首選。十年過去，依舊全力以赴的，只剩下Sa一個人。

我們每年都會在二二八紀念活動放狼煙，那算是一場大型同學會，大家都會參加，代表大家還在關注社會運動這個領域，只是平常有各自忙的事情，有什麼議題需要一起討論的時候大家會遠端作業，幫忙共同發聲明，想辦法聯繫什麼的，可以感到大家仍然關心，但是現實不允許大家投注太多時間。所以這十年來，真的有點樹葉凋零的感覺，核心的夥伴逐漸漂離，我的感觸還蠻深的。Sa找我回來幫忙，我的評估就跟最初的時候一樣，我沒有想要賺大錢，生活也不一定要非常穩定，只要，我跟小孩兩人可以過活就好了，於是我就來台北了。

Savungaz參選立委之偶然與必然

我到台北和Sa一起策劃成立協會，店也開了，沒過多久，有天晚上，Sa突然跟我說：「我要選立委！」我說：「你確定嗎？」她說確定，我的第一個想法就是：我們沒有錢。有一個補助計畫剛結束，補助金還沒發放，到處欠錢，我們可以拿出來的現金，可能連一萬都沒有。Sa說，經費是最好解決的事情，主要是她需要夥伴一起打拚。確實，錢能解決的都不是問題。我跟她說我可以考慮，兩個人談一談就哭了。

大家都說，Savungaz竟然開了一家店，開了店之後又去選舉，好勇敢喔！我跟大家講，不要再說她勇敢了，所謂勇敢，是知道哪裡有危險還去做，她根本不知道哪裡危險，就直接直接往前衝，根本沒有時間害怕。

從我的角度來看，我們投入原民運動已經十年了，在我們投入之前，當然有更多前輩累積的成果，但是一直到現在，原運並沒有造成讓人滿意的改變，之於大社會，原住民的議題始終是邊緣，可能我們組織的方式改變了，我們跟政府對話的能力和方式改變，但是在整個整體社會上，不管是公部門或是一般民眾看待原住民的眼光、關心原民議題的程度和層次，其實沒有什麼改變。十年過去了，我們還有幾個十年可以這樣消耗？我們需要走進一個新的階段，要不然我們怎麼去說服我們的弟弟妹妹那一輩，原運這條路是可以走的？

回顧過去十年，我們一直以NGO的方式做原民議題，但是到現在，我們開記者會或做抗議活動的，在社會上引起的回應，跟十年前比其實差不多，甚至更小，因為現在沒有大型街頭運動或是新聞輿論的支持，能夠影響的層面也就這樣，公共議題的參與到最後還是要進入體制，不然只是我們自己在倡議而已。

選舉是進入體制最直接的方式，而Sa是年輕世代中最有能力、有行動力的，並且我相信，進去體制後，她不是一個會換了位置、換了腦袋的人，她也的確是一個指標，因為這麼長久的累積，她不只在議題上努力，也經常跑部落、跟在地的人接觸，是可以讓大家相信她，真的可以把大家想做的事情帶進體制內的人，我們這個世代裡面，要再往上一層的，怎麼看都只有她是準備好的，所以我跟她講，培力這件事情很重要，因為我們是上一代的人帶出來的，但現在我們不知道要怎麼去帶下一代的人，參選應該是個培育人才的好機會。

參選的構想提出來之後，很多人質疑，Sa沒有任何從政經驗就參選立委，一下就越級打怪的感覺。我想到的是，要怎麼跟我上小學的兒子解釋他的乾媽要選立委這件事情，因為對小朋友來講，參選立委不是他生活中會遇到的事，頂多議員平時來拜票，可能會有印象。我後來用學校生活

Yuli（左）輔選Savungaz（右）參與立法委員選舉，2023年。

跟他講，我說，如果你們班要開會，你會聽班長的對不對，他說對，但如果是你們三年級的事情，你會聽誰的？他說聽老師的。但如果今天我要討論的是整個學校的事情，你覺得要聽誰的？我們接下來要做的事，就是會影響到法令制度，必須從立法下手，那為什麼不一下子就去選立委，我們的目標很明確就是在中央啊，所以，當然是要以中央等級的身分進入體制。

多工合一的參選型態

我們聲援過很多部落，這也是讓大家認識我們的方法之一。我們一邊選舉一邊抗議，然後還要去找立委陳情，處理民眾的需求。畢竟我們只是參選人，沒有實質的力量可以解決民眾的問題，還是必須透過他人幫助，解決陳情者的問題。

選舉前期，我們忍得很辛苦。Sa每天都好氣好想罵人，我說不行，畢竟你是最年輕的山地原住民候選人，會被大家說你只會亂罵人。所以我們一開始競選時忍得很辛苦。後來換我們被攻擊，莫名其妙就中槍，最後我們開始反擊。但還是期待可以跟其他人合作，畢竟原住民立法委員選舉是複數選區制，就算以無黨籍的身分當選，在立法院還是得跟其他人合作。

只是我滿難過的是，好像沒有人想到，他們可以和我們合作，反而一直把我們視為假想敵。做為從社運出來的人，我們知道必須結合不同的資源，事情才有可能辦到，並不是說要把誰鬥下去，拿到麥克風，人家就會聽自己講話。

二〇二四年立委選舉落敗，沒有經過討論，我直接對外說，Savungaz下一次會參選，因為一旦參選，這件事情就停不了。她在信義鄉[7]的得票率很高，大家拱她去那裡選鄉長——即使去選鄉長，我也知道Sa四年後一定會再次參選立委。我們兩個很有默契，因為我們很清楚共同的目標在哪裡，即使她去選鄉長或做其他的事情，我知道我們最終的戰場在哪裡，轉彎的只是策略和手段。

Sa到底要不要參選鄉長，我們認真地討論過。競選立委過程中，感覺山地鄉最嚴重的狀況就是土地問題，她如果去選鄉長，我想到的唯一好處，就是可以整頓土地議題。土地牽扯到的利益巨大，並不是那麼多人敢動，我們沒有利害關係，正好可以好好處理。

Sa參選這件事情，對弟弟妹妹們很重要，因為現在的孩子們接受的資訊很多。他們成長在自由、資訊獲取便利、有族語課的年代，很多過去的束縛好像沒有了，他們應該要比我們更厲害才對，這其實是讓他們背負更多的壓力。我們希望讓他們看到更多選項，如果對公共議題、地方政治、國家政治、對原住民之於國家的角度和位置有興趣，將來可以怎麼做。

我們當然希望有更年輕的夥伴可以跟我們一起走這段路，他們還可以帶更年輕的夥伴，但是，我們並不會強迫每個人都要長得跟我們以前一樣。這十年來變化很大，我們是從學生社團裡出來的，回頭去看學生社團，跟我們那時候在討論的議題、上的社課、關心的領域都不一樣，畢竟時代不同，政治背景也不一樣。

以多元方式思考問題

過去十年來，我們看到國民黨政府被民進黨取代，民進黨執政期間，的確整個社會風氣都不一樣了，不只是原住民議題，一般社會議題也是。太陽花學運會得到那麼快速而廣大的響應，是因為之前就有各種各樣的抗爭，新聞不斷地播送，整個社會受到浮躁不安氣氛的感染，知道那麼多讓人不平的事情，累積下來，才會走到太陽花學運的那個引爆點。

現在的小朋友們從高中開始接收資訊時，已經是民進黨政府執政的時期，他們沒有見過舊政府時代的問題。以前只要知道有人受到不公平的對

7・位於南投縣；據南投縣政儀表板數據，2024年10月，信義鄉居民計有15,193人，於全國山地鄉人口數中排行第三，布農族人口最多之鄉鎮亦在信義鄉。

待，有人登高一呼，大家就會站出來，現在的小朋友們可能關心某件事情，但也不覺得上街頭表態很重要，不認為開記者會去發表聲明很重要。現在有點像溫水煮青蛙，當然，他們也許可以找出我們想像不到的方式，去跟政府或是公部門、社會對話。

在二〇二四年的台灣，微歧視還是非常嚴重。這樣一路走過來，我們並不是沒有受過歧視，而是在我的生命歷程裡，我所受到各種議題帶來的衝擊，比我受到原住民身分的歧視衝擊更大。但是，對於這些小朋友，他們一開始上學，走出原住民生活圈的時候，就開始遭受歧視的壓力，作為原住民，光是要追尋自己的身分認同，都要花費非常多的力氣，這讓我很心疼。

我們倡議的協會立案完成了，先處理的是規劃工作跟募款。我們很樂意做這件事情，但速度終究不比有專職人員處理的進程，我們還有很多其他的工作要進行、要養活自己、維持店面營運，還有各種不同邀約，這些事務都同等重要，所以協會推進得可能沒有大家想像的快速。這正是我們需要一個穩定的組織的原因，需要有人專心做這件事情，讓這件事情有一個好的成長速度。

我希望讓弟弟妹妹們知道，他們有需要的時候，我們都在。他們對政治有興趣，想要了解自己的部落，想探索土地、文化之類的問題，知道可以來問我們，可以從哪裡找到資源。我們想讓弟弟妹妹們知道有這麼多的可能，說不定會激發他們想到想要做的事情，然後我們可以幫什麼忙。我們現在做的事情也不是當初我們被給予的選項，而是在過程當中，我們自己摸索出來的方向，也摸索著尋找不同的資源和方法。我的小孩上小學三年級了，沒有家人支持，很難走到現在。我一直努力做的，就是盡量不要造成家人負擔。我決定要到台北跟Sa一起打拚的時候，因為不可能馬上把兒子帶來，也是拜託媽媽幫忙了一陣子。媽媽還主動提議，要不要讓孩子留在高雄？很感謝我的媽媽和孩子都能理解我們在做些什麼，而且我認為孩子夠大了，我希望他看到自己的媽媽在做有意義的事情，打開很多的可能性。

很多複雜的事情，我都設法跟我兒子解釋，例如二二八事件、原住民的傳統，或是一些原民運動的內容，我盡量跟他說明簡化版，他也會用小朋友的理解方式，到學校分享給老師和同學。

到我兒子成年的時候，這個世界或是台灣社會很可能會有大變化，但原住民受歧視的部分也可能還不會完全翻轉，我無法預期，只能給他多元思考的能力，讓他遇到問題時能夠去分析問題，要不要解決問題，就是他在分析跟認識問題後的選項之一。他可以選擇用自己的方式去解決問題，也可以把問題擺著，學會在這個問題當中找出空間，舒服地活著。

Yuli和兒子，2022年。

社會運動、政治參與和活動硬體工程

童智偉

二十六歲／三十六歲，企業負責人（野果創意）

二〇一〇年前後的社會運動潮浪

我是解嚴後那一年——一九八八年出生的。爸媽都是實做的人，從小我就會削甘蔗、剝椰子，小學四年級已騎著腳踏車，去庄頭叫賣，這些成長經驗是我的底蘊，我的養分。念書的過程對我的影響也很大，那時候台大有著各種公共參與的社群，非常熱鬧，我很慶幸自己在那樣的時間點在台大念書，遇見好多很棒的長輩和學長、同學。原本我念醫技系，但是大學生活很繽紛，加上當時的社會氛圍讓很多社運活動此起彼落，到了野草莓運動時，我已降轉大二，改念社會系。醫技系的課程講技術層面的比較多，但社會系不同，我在那裡接觸到台灣農村陣線，參加夏耘農村營隊、

農陣老師蔡培慧與農陣青年童智偉。

以及一系列土地議題抗爭，後來也到東勢待了近兩年。

去東勢是跟青平台基金會洽談的青年駐點計劃，當時很有點興奮。之前都在台北搞運動，可是，我們對於農業的理解，其實跟現況有很大落差，一有機會就很想去；在運動激情下，我們對於農村有過多幻想，帶著太簡單的同情，以為農村一定很窮或者產業破敗。實際上並不一定如此。像是東勢，從數據上面來說，農業的確在衰退，然而它還是一個很有生命力、活著的農村社會。身在農村外面，這是我們所不容易想像的，這種對於農業社會脈動的體悟，我認為是駐點計劃最大的價值之一。

另一件對我的生命影響很大的事情是爬山。大學時期，我三不五時就去山上，透過爬山跟大自然有接觸、有感應，從中得到生命的養分，特別在某些時刻，是這些養分拯救了我。大自然教會我幾件事：它告訴我要誠實，誠實是解藥；要放開自己的感官，與人有同理心。我一路上遇到的人，其中很多都有很好的特質，我不斷地從這些人、這些成長過程中得到養分。

在學校念書的時候，陳文成基金辦了綠島人權營，我是工作人員，林世煜——Michael——是黨外前輩，他跟胡慧玲仍然很投入營隊或者推廣教育的工作。他們十分積極地推動白色恐怖的歷史書寫與教育，很照顧我們這些年輕人，我是在這個過程裡認識Michael的。二〇一五年，他找我

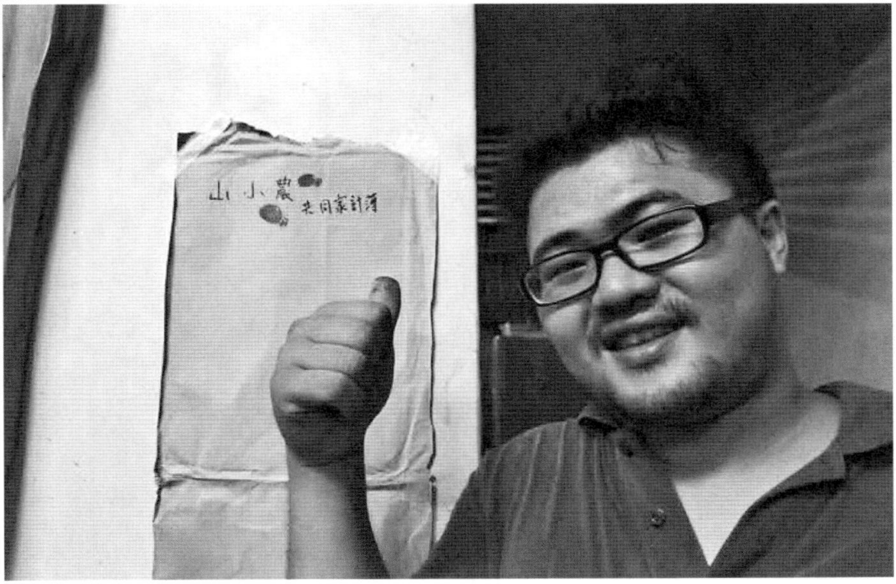

童智偉在東勢駐點期間，下圖為其駐點所見。

去幫洪慈庸助選，轉變了我接下去的生命道路。可以說，在成長過程中我一直很幸運，接觸到這些貴人。

上大學的時候，社運活動非常多，我最初參加的社運活動是聲援樂生，那時差不多是聲援活動末期了；我參加的台大自然保育社，也投入環境議題運動，像是蘇花高，還有已經持續了二十年的反核運動。參加社運活動初期，我基本上算是追隨者，跟在學長學姊後面跑；後來比較可以說是進入核心的社會運動，應該是野草莓運動。野草莓算是我第一個真正投入運作的社會運動，發生時我剛轉到社會系半年多。那幾年，異議性社團的能量滿高的，基本上我是跟著台大異議性社團過去的——其實，差不多整個社會系師生都去現場了。野草莓運動期間我主要待在活動組，這個組負責安排遊行，以及每天在人群前面的短講等等事務，我負責活動的大小事，也要找短講的人選，但那時候我還沒有處理音響設備。

野草莓運動那兩個星期，我基本上都在現場。這個運動讓我印象最深刻的，首先是學運的菁英感。在現場拉線，劃定學生跟「其他人」的做法，顯示出學生運動自以為是的「純潔」定位，我非常反感。現場明明有各式各樣的力量，甚至本土掛的角頭都來關心——他們不會特別做什麼，就在那裡看著，大概怕有人來搗亂吧；也有很多野百合世代的、黨外時期的前輩，在背後出錢出力，默默支持。

再來，是一種社會力的「匯聚感」：來自各方的力量、各個學生會、各個學校組織，社會各界聚集在同一個運動現場，這些都是以前沒有體驗過的。在三一八運動，這個現象又發生一次，但相較於野草莓，三一八運動時，參與者之間已經有了連結，比較有心理準備，很多三一八運動的內部組織，會有前面運動所累積的信任關係，畢竟很多人從野草莓運動時已互相認識了。我們這整個世代大概是這樣，不論在校內或運動圈，那幾年非常頻繁地滾動著，所以大家會有各式各樣的連結，從學生的角度來看，不論學生自治或是異議性社團都滿蓬勃的。

或者可以說，我本來並不是想要經營硬體設備公司，一直把參與的重點放在議題上，因為運動需要，才設法弄出硬體設備來支援。其實我們有個樂團，團名是「老林家」，有很簡單的鼓、吉他、麥克風等樂器，可以在社運現場幫忙發聲，後來社運場越來越大，我們的陽春設備不夠用了，就東挪西借，幾個練團的人在現場邊做邊學，借來的東西型號都不一樣，就土法煉鋼地拼湊。

太陽花運動的觸發點

二〇一四年三月十八日早上，我被「公民組合」找去開會，我本來就

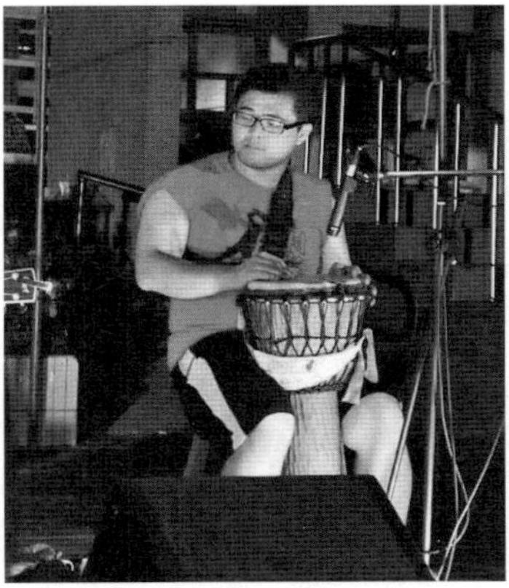

童智偉於老林家樂團活動期間。

處理硬體，他們找我去處理這場抗爭，當天早上算是活動前的會議。主辦方告知我們要有心理準備，當晚很可能會衝進立法院。到了晚會時，在台上主持的曾柏瑜、魏揚喊衝以後，青島東路那一側很快有人群聚集，我們在立法院外面張羅，同時調器材運補給去裡面。

對我來說，三一八學運可以分幾個層次：首先，我們確實擋住了《服貿協議》，這是很具體的成果；其次，我們這一批所謂的太陽花個世代的年輕人，十幾年下來，都帶著太陽花學運的生命養分和運動創傷往前走。可以說，對年輕世代，尤其是知識分子那個階層，太陽花學運帶來相當大的影響，其中很多人後來都帶著不同以往的角度，看待台灣的政治和社會，有的投入新生的第三勢力小黨們，或者進入政府體制工作，或者在民間各行各業；這些人也是後來所說泛台派的主要組成份子。

回到我自己創業路來看，從學生時期的運動積累到太陽花的能量爆發，間接地也讓剛成立的野果慢慢成長起來；各式各樣的社群活動支撐了小公司的生計，我們不斷在做中學，自己去建立公司內的學習體系，有問題就請教同業。我的客戶主要是NGO，而我的任務就是弄清楚客戶需求，然後全力幫忙他們解決硬體需求，最後我們變成一個窗口服務全部業務，讓NGO放心去衝自己的訴求，硬體部分交給我們。

我們一開始是被需求推著走，但也確實努力地把野果經營成一門生意

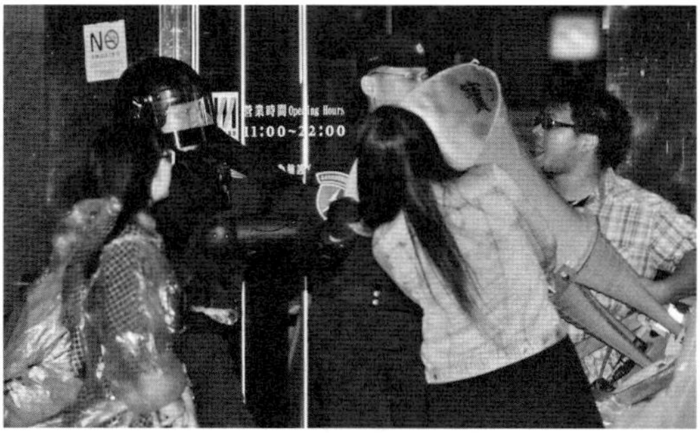

童智偉在三一八學運期間，左為合照蔡培慧，右為台北市中正一分局還我喇叭行動，2014年。

了。台灣民主化的路才開始走，如果看看美國這個民主大國，他們的總統和國會議員選舉，整個全民動員的力道之大，使得做硬體或活動公關規劃的公司成為一門專業，吸引大量人才投入。

反觀台灣在這方面，特別是在民間團體與NGO，或許是因為資源比較缺乏，不論在硬體技術或者活動製作上，都相對缺欠教育與養成體系。十幾年來，我們的技術養成，從燈光、音響設備等硬體，再到人員訓練的整體提升，漸漸往更專業的方向前進。這個過程是和民間團體一起成長的，一邊做邊學，慢慢養成專業技術，再慢慢地走到跟客戶一起構思、製作的階段。這整個過程有種土法煉鋼的味道，慢慢地建立這個領域的專業技能與實際知識（know-how）。

理念與實作的培力場域

三一八學運之後，我因緣際會地參與了幾場選戰，但大致是從理念相挺開始，然後在做中學。第一場是洪慈庸參選二〇一六年台中立法委員，那真是一件美好的回憶。三一八學運剛結束，大家對新政治有許多想像，時代力量、社民黨、綠黨等等新政黨成立。其中洪慈庸是洪仲丘事件抗爭的關鍵人物，又是第一批代表時代力量的立法委員參選人，當時Michael

童智偉工作現場。

要我去支援，我義不容辭，還拉了我的學長和學弟一起加入，有撰文的，也有做音樂、做美編的，在不同領域裡各自是很厲害的角色，現在看起來，那是令人懷念的夢幻組合。不過，一開始的時候，成員其實跟我一樣，都沒有參與過輔選——我們那群人大學時代在校園裡打過很多場仗，從野草莓到太陽花，中間經過很多社會運動，士林王家、大埔等等，那時校內的組織很多，有關心迫遷議題的紹興學程、華光反迫遷小組、樂青、農運等等，參與社會運動的過程裡，一面練兵，一面培養默契。

洪慈庸當選立委後後，二〇二〇年，我幫忙台灣基進的陳柏惟在台中競選立委。陳柏惟的腦筋非常靈活，人很大器，只管大方向。他有電影製片的背景，非常信任專業，那次選戰我們玩得非常開心。陳柏惟常會丟出他構想的畫面，只要預算合理，就放手讓我們去做。

後來想想，我們做了不少挺瘋狂的事情，就舉其中一件來說：我們策劃了一場超大型演唱會，在顏清標的「地盤」上舉辦，命名為「戰線搖滾」，我們在舞台上面打了大大的一個「戰」字，準備對嗆競選對手。舞台都搭好了，一切準備就緒，結果很不幸，隔天發生了黑鷹墜機事件，[1]社會氛圍不適合，演唱會喊停。

再來就是二〇二四年吳音寧在彰化的立委選戰了。彰化第三選區是台灣重要的農業生產基地，吳音寧的對手是三代長期壟斷地方政治的家族派系謝家。這是我更深刻理解何謂「地方勢力」的一次選戰。從瓦斯行和第四台等民生需求、房地產、各種工程事業，再加上中國因素，盤根錯節的政治／經濟複合體，型構了謝家難以挑戰的政治勢力。我會去幫忙，其實是被音寧純粹而堅定的意志所感召，她出來參選，就是一股使命感。畢竟這個選區也沒有什麼人敢真的挑戰謝家了。

選舉是這樣一個場域：團隊必須在很有限的時間內，對社會上的各個階層、社群，進行密集而清楚的理念溝通、然後想辦法感動選民。台灣的社會很多元，整體社會也愈來愈分眾。所以幕後團隊要能夠針對不同的對象，發展一系列的策略、資源與情勢的掌握、空戰與陸戰的搭配等等。對我來說，整場選戰就是一場大型企劃，考驗候選人的心智，也考驗團隊的整體能量。

從這幾次助選經驗，我明確地感受到選舉場對技術力的倚賴，同時深切意識到，好的選舉團隊越來越匱乏，出現了很大的人才的斷層。看來看去，身邊怎麼都還是這些熟面孔？

這也促成了我們此刻的自我反省和思考再組織的必要性。往後勢必有更多選舉要面對，更多倡議活動要進行，那麼，我們一定要想辦法培訓和養成幕僚與檯面上的人才。

1．2020年1月2日，中華民國空軍UH-60M黑鷹直升機，墜毀於新北市烏來區，造成8人死亡。

來到重啟橋接的時刻

民進黨執政的八年間，[2]很多朋友進入體制當幕僚，試著在其中實踐理念，這是好事，但反省起來，或許正是因為社運人才大量被吸納到體制內，在民間繼續耕耘的能量相對少了很多。這其實是個危機，二〇二四年的選舉過程，更凸顯這個人才斷層的情況。與此同時，社會的演變也正在改變運動組織的方式。

三一八世代的一批人，當時參與公領域的管道，可能來自各種異議性社團，同時又遇上社運風起雲湧的時代。但青鳥世代的處境不同，這個世代所面對的社會更為分眾，個人更為原子化。對於他們來說，三一八學運已是歷史故事。

二〇二四年的大選過後，同溫層中的朋友們焦慮感非常嚴重，感覺我們跟年輕世代已經脫鉤，反而是民眾黨似乎抓住了青年的失落感映射到厭惡藍綠的契機。但青鳥行動讓我感到，好像有一點突破的可能性。青鳥行動在告訴當代，其實她／他們有自己的表現方式，這個公民社會有自己在這個時代的運作可能性。青鳥行動所反映的，恰恰是我們這十年來的社會變化，社會運動正在以新的面貌重新組織，新的啟蒙者／參與者也在想辦法做橫向的、社群的連結，比如我去參加的幾個青鳥宴，開始往生活圈、

童智偉在青鳥行動現場，2024年。

社群的方向走，其中各行各業都有，大家有共同理念，在日常生活上面形成組合，這是我在青鳥行動看到的事情裡比較有趣的：原子化的個人重新組織，這是很好玩的事。

我想各個運動組織大概也都嗅到這個味道。所以，現在的功課是：新的社群如何形成或轉化，而既有的組織如何跟這些青鳥們再相遇、這個再相遇的形式怎麼往下走。

總的來說，我認為如果要吸引年輕人參與公領域。首先就要創造「屬於當代」的成長條件，而「中介組織」是我覺得重要的解方之一。舉例來說，地方的社造／創生社群和學生社群缺乏互動是很自然的事情；喜歡獨立地下樂團的群眾跟追星人，可能是兩個互不認識的群體。

所以中介活動要以各種形式建立起來，營隊、工作坊、集會、組訓、興趣社群、生活社群……透過各種社會連帶的嘗試，我們必須要積極地讓年輕人與地方社群、政治社群有個橋梁可以連結起來，讓大家有夥伴感，一起做些事情。當年我們還在念書的時候，不也是在陳文成基金會、農陣的營隊、乃至於一次又一次的街頭練兵中養成的。只是在當代，這種相聚的方式，可能會變成一起辦「共生音樂節」；可能是追星人以應援棒「守護台灣」；可能是青鳥宴中嘗試建立的「地域台派生活圈」。

我一直記得一個野草莓時期的畫面：有一位野百合世代的前輩來自由

2．指蔡英文總統兩屆任期，2016-2024年。

廣場聲援，在演說最後，他從懷裡拿出了當年「廢除刑法一百條」的布條，默默地綁在自己頭上，接著就加入了我們靜坐的行列。我常常會在撤完場的凱道或者運動受挫的時刻想起這些畫面。

作為解嚴後出生的第一代，我們享受著前人打拚下來的民主成果，而這裡面有好多好多的善意、令人尊敬的信念，當然也有許多令人鼻酸的故事。正是因為這些歷史，才有我們現在的民主與自由。對此，我時常感到幸運而充滿感激，也因此厚顏地答應了在這裡分享我的故事與一些看法。雖然無法確定是什麼時候，但我相信，善意是可以超越時空的，總有一天，我們會有更多「在現場的人」。

在街頭運動的前線和後方

王雲祥
二十歲，學生（台灣藝術大學戲劇系）
三十歲，劇場工作者（國家兩廳院演出技術部專員）

從抵制到抗爭

二〇一三年前後，我在台藝大念書，學校的劇場開演前為祭台而買餅乾、零食作為供品，有人在臉書上講，抵制旺中企業，不要買旺旺仙貝和小饅頭。祭台時一年買不到三次零食，即使如此，旺旺仙貝和小饅頭出現的機率仍是少之又少，這樣的行為，算得了什麼抵制？也是因為這件事，我開始留意反旺中這個議題，知道有抗爭、遊行，我就以旁觀者的姿態，去看參與者在幹嘛。後來我們邀請陳為廷到學校來短講，學務長還來關切，更讓我覺得遊行有理；「反媒體壟斷抗爭」現場講者所說的第四權相關議題，我認為很有道理，之後就更熱切關注這個事件。

二〇一二年十一月，反媒體壟斷的抗爭人群在行政院外面守夜，我跟著去了，看到一個人把整套音響全塞在一輛車裡，各種配備一應俱全，就像一台戰車；那天下著雨，非常冷，那個人打開廂型車的後門，一面遮雨，一面開著一台電腦，我跑去一起抽菸、聊天，就這樣認識了童智偉。守夜的時間很長，我們一面喝酒，一面在電腦上看《少年吔，安啦！》[1]，一直看到天亮。那時開始，我們經常在抗爭活動中相遇，他的戰車上設備越來越齊全，我就與他搭檔，幫忙處理抗爭現場的硬體。

那個年代的街頭運動，下再大的雨，再冷、再無聊，大家還是會死守現場，因為警察很可能會隨時突襲。在行政院外面守夜那晚，大家有著要跟警力對抗的準備，我也覺得對抗好像也沒有什麼，跟一排警察的盾牌推推擠擠，喊喊口號就撤了，並沒有打算衝進哪個機關大樓。

讓我受到震撼的事件，發生在華光社區擋拆抗爭。華光社區是位在台北市中心的違建區，年代久遠，住了很多老兵和基層公務員。二〇一三年三月起，政府以都更為名，強力拆除違建戶，居民組成自救會，喊出「反迫遷，要安置」「強拆暴政、罰款殺人」等口號，很多學生加入聲援行列，最後仍抵擋不了社區被拆除的命運。

政府派警察來拆房，到場聲援的人非常多，塞得滿滿的。我們半夜到現場時，房舍已經拆掉一邊，我們默默地搬磚頭、建材、廢棄物當阻材，現場氣氛緊張，大家一心只想著防備警察攻堅。

王雲祥在華光社區抗爭現場（左）及大埔張藥房原址（右），2013年。

我是在眷村長大的，華光社區抗爭時，我被警察從房子裡扛出來，隔離在外面。我看到一個外省老伯伯，穿著三件式西裝，拄著枴杖，戴著貝雷帽，操著外省口音，罵警察拆人住家，毀壞家園什麼的。這些外省老人當年被國民黨騙來台灣，一輩子受騙，到了晚年還不得安寧……我當下有著很深的感受。

對當時的我而言，華光社區是一次很暴力的抗爭，肢體衝撞很直接，許多人坐在屋頂上，身上鎖著鐵鍊，屋裡有人抱著瓦斯桶。警民對抗的過程中，甚至有抗爭者被警察掌摑，[2]這件事也給我很大的震撼。

在抗爭現場，我們會感覺到氣氛不太對，有衝突要發生了——通常在天快亮的時候，警察會衝進來抓人。我們會明顯感覺到某種訊號，就是大家開始找信任的夥伴，或是認識的、見過面的、知道彼此是誰的，每個人互相告知，儘快勸離未成年和非本國籍的學生，若是留下，他們以後會面對比本國成年人更複雜的法律問題，我們說這是「運動倫理」，衝突發生之前，一定要讓未成年和非本國籍的學生儘速離開。華光社區那次是這樣，大埔事件衝行政院內政部那次[3]也是。

1．徐小明執導之台灣電影，1992年上映。

2．參見《自由時報》2013年3月27日報導〈聲援華光民眾 驚傳遭警察賞巴掌〉

3．發生於2013年8月15日。

發現一名看透世事的長者

第一次被逮捕，是我第二度到華光社區擋拆的時候。抗議者分兩邊守夜，天剛亮，警察來了，一下子抓走一個人，把那個人拉進盾牌後面。大家群情激憤，開始往前撞，一個自稱分局長的人反覆對著我喊：「你叫大家後退！」我大聲對他說：「請你放人！」我們這樣對喊，然後我被抓走了。我們被帶到大安分局，因為被逮捕的人很多，夥伴們在分局外面，要求警方放人，於是我們無法被移送，警察只好讓檢察官到分局來做筆錄，做完筆錄，我們都被放了。

後來我遭到提告，判處緩起訴，罰勞動服務 一百個小時。先是到新店的太平宮去打掃，拿去漬油擦太歲燈、平安燈的壓克力牌，清除上面的殘膠。太平宮管理單位的政治立場很藍，擺了朱立倫等一堆國民黨大官的照片，我越擦越不爽，後來就不去了，結果收到傳票。應訊時檢察官問我，為什麼沒去勞動服務；因為同時有一些其他案子被提告，我說要跑法庭，沒空勞動服務。檢察官重新安排，讓我到離家比較近的地方，改去王貫英圖書館整理書籍。

那時我是大學生，住在家裡。我的奶奶是無錫人，爺爺是上海人，我們家每天都要在大餐桌上一起吃晚飯，很有規矩。第一次被抓後，我收到傳票，找理由躲了兩天，沒有回家吃飯，到了第三天，晚餐時我一坐下，奶奶立刻開罵，說我做壞事啦，被警察抓啦等等的——我爺爺做了一件很酷的事情，他問：「你做的事情是不是對的？」我說是，他說：「好，那就去做。」

我後來才知道，馬英九連任總統隔天，爺爺就到國民黨黨部去辦退黨手續。他是個非常清醒的人，認為馬英九就是在騙他們這些老兵。爺爺原先不是軍人，能夠來到台灣，是頂替一個陣亡士兵；來到台灣後，他繼續用那個人的身分，服役到他以中士位階退伍。爺爺的生平我們所知不多，只知道他派駐到台北賓館，在水池裡電魚被罰這類亂七八糟的事情。不過，他真的是個很清醒，很酷的爺爺。

傭兵一般的存在

第一次被警察逮捕後，我並沒有乖乖回學校念書，而是到處看看有沒有幫得上忙的地方。二〇一三年五月，華隆關廠，工人自救會有人絕食抗爭，我報名參加接力絕食，隔天有人來電說，絕食的人數已經夠了，苑裡更需要人，我可不可以去支援。我說好，就這樣跑去苑裡，跟他們一起反風車，抗議風力發電的風車設置區域離民宅過近。晚上我住在苑裡鄉親的家裡，有時在海邊紮營。

苑裡反瘋車抗爭，肢體衝突非常慘烈。財團經常半夜偷偷開工，警察則來找抗爭者的麻煩。七月十二日，發生警察濫權逮捕事件，立法委員林淑芬和尤美女在監察院開記者會關切，監察院也糾正了，施暴的警察則被記過或調職——他們好像受到懲處，但隔了一個週末，又被調回原崗位。下一階段的抗爭變成財團找保全公司來打人，警察站在旁邊，統一向後轉，當作沒看到。

這些事情都發生在三一八學運之前。參與抗爭那段時間，我應該要上課，但我留在苑裡，和大家站在一起。苑裡抗爭同時，還發生大埔強拆民宅事件，抗爭也很激烈。

有一年，我參加六四紀念活動，林飛帆向中國的留學生介紹，說我是「傭兵一般的存在」，哪裡有戰場，就去哪裡，打完仗我就消失不見。這樣說也沒錯，我確實不在任何組織裡，因為我並不是一個喜歡跟人達成共識再行動的人，很沒辦法用幾個小時開會，討論粉專管理權限之類的細節。

太陽花學運之後，普遍興起成立政黨、打造第三勢力的念頭，確實有人爭取我加入，但我沒有從政意圖，直接告訴對方不要來找我。我走上街頭的初衷，完全與從政無關。那段時間，組成新政治團體的風潮一波又一

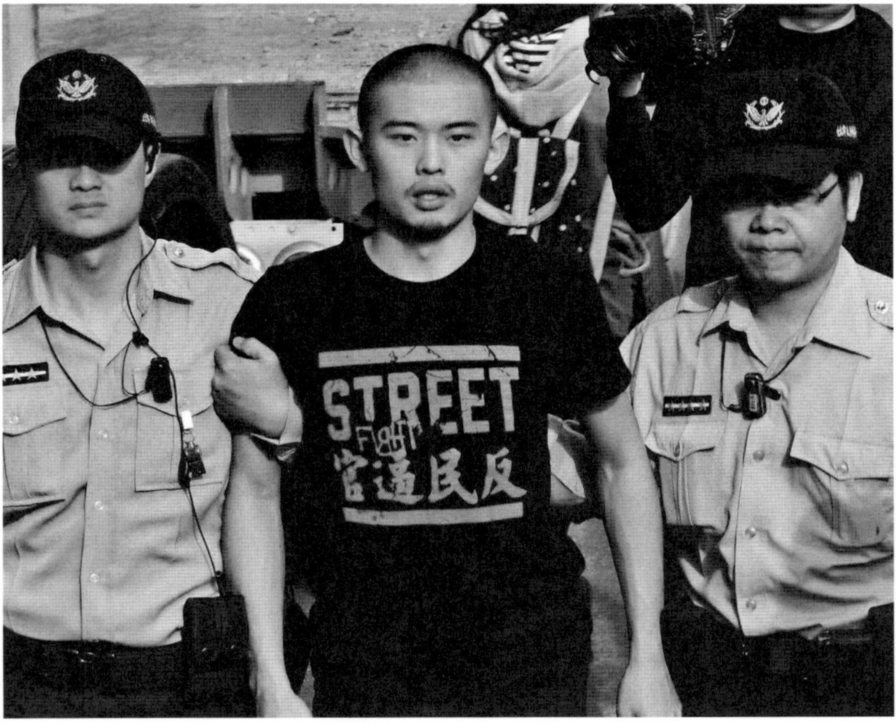

王雲祥在三一八學運（上）及華光反迫遷現場（下），2014年。

波，很多人帶著運動傷害，想要另尋出路宣揚理念，或者自我實現。我加入了其中之一的「民主鬥陣」，同時期加入的有李俊達、吳崢、曾玟學、賴品妤等人。這也是我唯一加入的民間組織。但我對政治組織實在沒有太多興趣，我算是輟學了，但依然在劇場裡工作，不久就當兵去了。

退伍後，我以同等學力考上台北藝術大學劇場設計所，我在劇場工作，常會遇到北藝大訓練出來的人，所以很想了解那間學校如何培育劇場人才。研究所上了一年，我心裡大概有數，書也不用再唸下去了——如果講學歷，我還是高中畢業。

三一八學運像是一道浪頭，而我們在浪尖，大浪打上來，跑也跑不掉——想衝浪的人千方百計地想要搶到浪，懂得把握機會的人，趁著浪頭就上去了；不想衝浪的人，幸運的那些被大浪往岸上推，不幸的連人帶板被打翻。我是幸運的那些，被帶到岸上的人。

三一八學運後有段時間，我經常覺得所有的人都在看著我。學運期間我一直待在立法院講台附近，頂著一顆光頭，非常顯眼，還被媒體查出來，我的爸爸王燕軍曾是李登輝前總統的隨扈。成為矚目焦點，讓我滿恐慌的，我從來沒有預料到會經歷這件事；其次，我並不想要知名度，更不想從中獲利——這個處境有點像是德州撲克，桌上眾人虎視眈眈，誰的地盤籌碼多，就要去鬥誰，這讓我感到非常、非常不舒服。我並沒有要跟誰鬥，沒有想要那些籌碼，誰要就拿去，我根本沒差，我只想回來做我的劇場工作。

政治事件再次激起大型群眾運動

太陽花學運之後，我跟政治還有兩次直接的關係：一次是二〇一六年曾柏瑜代表綠黨，參選新店區立委選舉，另一次是陳品安參選苗栗縣議員。

曾柏瑜參選那次非常慘烈。她在新店蹲點經營那麼久，選舉的時候卻什麼資源都沒有，每天淒風苦雨，真的很可憐。最後半個月，天天吊點滴撐過去。

到了很後期的競選階段，我才加入曾柏瑜的團隊。民主鬥陣的夥伴鄭凱榕問我可不可以去幫忙，我說我不想搞選舉，她就說你先來看看吧，曾柏瑜真的很需要人幫忙。我答應去新店中興路的服務處看看，去了以後我覺得，怎麼能夠可憐成這樣，完全沒有人手和資源，於是去幫忙。我的頭銜是總幹事之類的，實際上就是顧頭顧尾，哪裡需要幫忙就去哪裡。我知道那場選戰雙方財力懸殊、我方必輸，之所以參與輔選，一方面不忍心看曾柏瑜那麼辛苦，另一方面天生反骨，競選對手是羅明才，好像很好玩，很想搞點事情，弄他一下。我開玩笑地說，當時我最想要看到的畫面，就是曾柏瑜被人打。只要曾柏瑜被人家打，激起公憤，我們就會勝選。所以我們的團隊專門接山上的土地被佔用、土地被不明勢力盯上這類的陳情案，想拉高衝突，讓曾柏瑜被打——結果，曾柏瑜終究沒被打，如預期地落選了。

二〇一八年，我幫陳品安以無黨籍身分參選苗栗縣議員。在苑裡反瘋車案的時候，我們就有非常深厚的情感，跟家人一樣。那時候我在讀研究所，天天開車，苗栗、台北兩邊跑。她的競選團隊是在地鄉親和並肩抗爭的夥伴們湊起來的，組成非常有機，沒有職務之分，哪裡有需要，就有人補位。

那一仗打得非常漂亮，陳品安不但當選，而且打破地域限制——苑裡和通霄這兩個地方的選民，都習慣投票給自己人，但陳品安拿到有史以來苑裡人在通霄的最高票，即使對手買票，都達不到她的得票數。那真是一次珍貴的選戰記憶。二〇二二年，陳品安也連任縣議員。

幫朋友助選是一時的，選舉結束，我就回到劇場工作，之後幾年也沒有什麼我想參與的社運活動。直到二〇二四年五月，出現了完全在我意料之外的青鳥行動。

王雲祥（左）為曾柏瑜競選宣講，2016年。

群眾在抗爭運中的自發與成熟

五月十七日那天，我剛下班，還在回家路上，等紅綠燈時看一下手機：怎麼回事，人群聚集在立法院外？我打電話給童智偉，他剛到家，才喝了點酒，便叫我去載他，於是我們一起到了現場。

那天晚上很奇妙，沒有人發起，民眾自發性聚集，羅宜也是臨時上去拿麥克風。接著，所有東西——舞台、帳篷、椅子，等等——都在最短的時間內到位，全部不缺，真是太神奇了。

雖然很多人說青鳥行動無大台，但我打上一個大問號，因為我從來不認為青鳥是一個無大台的行動。我們在立院外面參與太陽花學運那些人，十年來，在不同的NGO耕耘著，十年後，大家不約而同，都去到現場守候著。五月二十四日，十萬人到現場那天，除了青島東路舞台，又開濟南路的舞台，還有其他定點的台，能這麼做，也是這些人衝上去佔著那個戰略位置。他們從來不求媒體光環這種東西，有需要的時候，這些人就會出現，默默地在後台工作。我們在音控台就看得很清楚，十年前十年後，這些人都在。

在青鳥行動中，濟南教會受到很大的矚目，其實二〇一四年，濟南教會就參與了太陽花學運，只是青鳥行動透過網路，訊息擴散太快了，所以

王雲祥（左）和童智偉（中）在青鳥行動 現場，2024年。

它十年來的耕耘就被攤到陽光下。濟南教會一直是街頭運動者的安全屋、庇護所，教會的門永遠為了大家打開。台灣的民主運動、街頭運動，濟南教會從沒缺席過，這是很偉大的事情。

青鳥行動一出現，我看到參與的群眾很成熟，整個活動經驗很豐富，有很多老手在後面撐住，很多佔領立法院的夥伴們第一時間都到場，各就各位。我們後來互問，十年前跟十年後，自己的角色有什麼不一樣？有人說，都過了十年，怎麼我們還得要來這邊？好像什麼事情都沒有達成，又回到十年前的狀況，馬齒徒長。

另一個時空上的差異是，三一八學運時有NGO聯席會，每個NGO都貢獻自己的能量，出自己的人力物力到三一八學運現場，大家在現場的行動或發言都有主軸，會凸顯不同NGO的主體性。

在太陽花學運的現場，親子共學組織搭著帳篷參加抗爭，跟大家一起吹風淋雨；到了青鳥行動，居然設置了親子友善區，方便年輕的爸爸媽媽帶著孩子到場參與活動；我們看到變裝皇后來了，原住民朋友在路邊織起布來，展現非常多元的文化。台灣社會的文化底蘊厚實、豐富而多元，在活動現場完全可以感受到：各種活動主題的想像與設計，各種口號、標誌、圖像都有；除了短講、發傳單，還有人演奏……大家各言爾志，不強調自己屬於特定組織，尤其很多社會議題很小眾、資源很有限，但是我們可以看到大家站出來，無所不談，表達各自的訴求，這是社運界在二〇一四年時怎樣都沒有預料到的狀態。

在社會運動的冷靜與熱烈之間

馬英九政府二〇〇八年開始執政，之後整整八年，有太多議題，人民跟政府無法溝通，必須走上街頭，社運界可說天天打仗。那段期間有好幾波社會運動：高速公路收費員的抗爭、大埔事件、苑裡反瘋車、士林王家反拆遷，等等。大家笑說，台灣盛產自救會。到了事件現場，大家就有心理準備，必然會跟警察有一波很大的衝突。那幾年，所有的社運組織都動起來，也做了很多培力工作，因為天天在抗爭打仗，社運夥伴們不斷地在運動中學習調整，到了年太陽花學運，這一切的社運力量一次爆開，成為規模非常龐大、時間很長的抗爭事件。

我們這些所謂的「街頭運動者」，二〇一四年之前的幾年參與了許許多多個自救會，每個議題都被打得亂七八糟，沒有一次上街頭可以成功達成訴求。這使得年的太陽花學運變成一個導火線：所有的社運團體、NGO、自救會，大家互相揪一揪就都去了，打著各自的旗幟和訴求到運動現場，把幾年來的怨氣一次出個夠。

三一八學運的時候有「馬王政爭」事件，時間上是立法院會期的末端，也是馬英九最後一個總統任期，國民黨又完全執政，這些因素累積起來，整個社會覺得政府在硬幹，才會爆發出太陽花運動。不管衝立法院、行政院甚至凱道，反正對象就是國民黨。當時的感覺就是絕望，我跟童智偉在現場，心裡想的就是：撐過今晚，事情就會不一樣。我們都有這個信念：只要撐過今晚，只要看到明天的太陽，就有希望。

青鳥行動的形式，對我們來說，是全然的陌生。我們已經看不到NGO團體集合自己人，幾萬人都是自動自發自己前往的，各個年齡層、各種職業階級都有，大家就是順著時勢，很自主的狀態。NGO仍在現場，但比起過去，已經不那麼有實力去組織大家，去把大家動員出來。這真是一件很神奇的事情，不是我們這些街頭運動老兵預期得到的狀態。

在青鳥行動現場，我看到的群眾，主要是白領階級、中產階級家庭出來的人，大家基本上中規中矩，行動時間並不是特別長，捷運要停駛了，大家就快快散去，隔天再回到現場，所以基本上沒有出什麼大亂子。如果像太陽花運動那樣連搞二十三天，又是另外一回事了。

不只NGO，包括我、童智偉或是Savungaz這些在太陽花時期一起領佔立法院的人，現在面對的一個問題就是：我們真不曉得如何去組織這些人。我們對這樣的人群是完全陌生的，而且不論用什麼議題去組織，甚至如何搭建溝通的橋梁，我們都覺得困難。我相信過去十幾年來各項抗爭宣揚的理念，雖然當下沒有造成立即的政策改變，也已經擴散開來，成為公民社會的基礎。

在社會運動現場有機協作

二〇一六年到二〇二四年，台灣社會走過相對平和的八年，大家都不太有參與街頭運動的機會，因為立法院擴權案激出來的青鳥行動，領頭者之一的羅宜念高中時，曾經參加民主鬥陣在年夏天舉辦的培力營。

青鳥行動時，對這個群眾聚集活動，我在現場，卻處於一無所知的狀態：這個行動要做什麼？幾萬人聚集在立法院外，但不是要衝、要翻牆，大家究竟想做什麼？有這麼多人在現場，很多事情可能會重蹈覆轍，讓我感到擔心。在這場動裡，我找到了一個CP值最高的位置——不是架舞台、做音控那些技術支援，而是提供過去運動的經驗，做人力調度、器材調度、人流引導……我們會做全面設想，例如戰車要去哪裡、人流要往哪裡引導才安全。

我跟童智偉、羅宜綁成一個小組，在現場到處遊走，隨時跟警方協調，該怎麼封路，封哪裡；如何調動各種器材設備等等。我們三個人協調好，羅宜負責當警察的對口，我和童智偉幫忙把協調內容傳遞給組織者。但是五月二十八日，我看到了穿著維安背心的志工自己去跟警察交涉，也有維安志工猛吹哨子指揮大家，群眾可能沒有理睬，他就飆起髒話。穿上維安背心，就覺得自己權力上升的那個狀態，讓我有滿大的創傷感——太陽花運動時，這類行為非常、非常嚴重，當時場面實在太大、太龐雜，還發生一起很嚴重的濫權案例，我跟幾個朋友必須押著一個人，去中山派出所自首。

當事者是糾察隊，居然以糾察隊的名義向人借錢，還被一名紀錄片導演拍到他把女生帶到巷裡進行性騷擾。導演輾轉告訴我們這件事，我當然不能要求導演，不要把這個事件剪進影片，我所能做的，就是找到當事者，帶他去派出所自首——運動現場讓人覺得自己擁有權力，哪怕只是穿上志工背心，就覺得自己有權指揮群眾，其實是非常可怕的事情，會讓現場失控。

這也是我們意識到培力的重要。台灣農村陣線每年夏天舉辦夏耘農村青年營，黑色島國青年陣線、民主鬥陣等等各個組織都會辦培力活動——民主鬥陣在二〇一四年七月辦過非暴力抗爭工作坊，當年有很多街頭抗爭，大家就覺得有培力的需要，要把街頭經驗的實戰知識留下來，讓大家有學習的管道。十年之後，知道這些的人已經不多。

參加培力後，羅宜一直投身各種社會運動，參加過許多不同議題的街頭運動，到了青鳥行動，他很嫻熟地在現場調度和聯絡。我和童智偉聊了很多，結論是：有沒有其他的硬體公司可以用更快的速度、更好的設備，搭出更好的舞台？一定有，可是在社運現場，他們有沒有辦法面對千變萬化的臨時狀況，做出對的判斷，即時應變？我敢說，沒有人或公司有這樣的能耐。我對童智偉說：「再過十年，下一個童智偉在哪裡？」沒有人知道。這十年來，練兵的機會真的不多。還有一點很重要，一個人若是對社運議題沒有同理心，對於公民社會沒有期許，她／他是不可能這樣撐下去的。

我一直相信，每個時代的運動應該要長出每個時代自己的樣子。社運培力就是經驗傳承，但有時候有些人會覺得我們意見多，好像要搶位置，因為街頭運動是個容易出鋒頭的地方，有心人確實會收割，我們都親身經歷過。

回想起來，以往我無役不與，卻也沒有加入哪個組織，只要認同運動訴求，我就會到現場。培力這件事，過去是各個 NGO 會努力去培養夥伴的運動應對力，現在組織可說是站到第二線了，透過網路和新媒體來進行培力反倒更直接而開放。所以我一直想著，要找出以前非暴力抗爭工作坊的講義，整理好後放上網路，給大家參考。十多年前，我們直接面對警察暴力，街頭運動的教戰手冊特別重要；可見的短期內，抗爭應該不會再遇到強制行使公權力的警察，但不同時代有不同的命題，了解過去的狀態，參考過去的社會運動街頭經驗還是好的。

當年並肩的戰友，在不同的位置繼續努力著，例如成為立法委員，進入體制的沈伯洋、吳沛憶這些人，他們有了民代的位置，但這不是目標，而是手段，他們自知要做什麼，然後想一個方式進入體制，在位置上達成目標；參選過公職但落選的曾柏瑜、Savungaz也以自己的方式在體制外繼續朝目標邁進。

我不覺得青鳥行動可以達成什麼具體成效，就像太陽花運動闖進立法院，我也不認為我們能夠帶來什麼改變；任何我參與的社會運動，都不是因為我認為我們可以改變什麼才去參加，而是我覺得這件事情是對的，哪怕在我有限的生命中無法達成任務，我還是會站出來參加。參加社運從來就不是一種交換，不是讓人拿來換取名利的，它就是跟呼吸、吃飯一樣，很基本的東西，並不是拔刀相助那樣的英雄氣派，就是陽光、空氣、水，走在不平坦的路上，我們就把它弄平一點，讓大家好走路，如此而已。

對我來講，社會運動或是街頭運動從來不是一件任重道遠的事，從來不是。它沒有那麼偉大。我去苑裡參加反瘋車運動，到此刻我都認為，當初其實是我很冒昧地打擾了當地人的生活，我從台北跑去打擾了這些鄉親原先的生活。本質上，我跟那些硬闖進去蓋風車的人沒有兩樣，因為我們就是闖進人家的生命。所以，社會運動只是在於那個當下我要不要做個選擇，要不要跟抗爭隊伍站在一起。於我，這是個很直覺的舉動。

選擇站在不服從運動的一方

不服從威權似乎是我與生俱來的個性。我有一個姊姊和一個弟弟，他們從小就都是乖小孩、好學生，只有我到現在都是怪咖。小時候，我跟我姊姊被送去補習英文，姊姊乖乖地念書，英文成績頂呱呱，我就走了「非暴力抗爭」的路線——我並沒有蹺課，但是不寫作業，考試永遠零分，所以我會被留下補考，我媽就得在忠孝東路四段的順成麵包店前臨時停車，等到老師願意放我走。我這樣搞了一年，最後我媽就說，算了算了，這孩子乾脆不要補習了。那是我非暴力抗爭的起步。

小學的時候，我還曾經帶著同學罷課。同學起爭執，老師的處置非常不公平，我認為應該向被錯罰的同學道歉，但老師當然不會這麼做；我帶著同學溜出教室，拒絕上課。還有一次，我和同學撿到一隻狗，很想留養，老師不同意，我就把我的課桌椅拆掉，做成狗屋，上課時我就沒有桌椅可用。

王雲祥為陳抗活動宣講。

但小學時，有一位曾老師對我影響很大。他是台南人，家鄉在曾文溪附近，常常可以看到黑面琵鷺。他常教授本土文化的內容，帶我們認識許多環境議題，可以說是我對本土意識的啟蒙。我在台北這個天龍國的成長過程裡，家庭環境是政治光譜中最藍的那一端，因為本土課綱之類的內容，和出身台南的老師的教導，讓我無意間在學校吸收到很多本土的養分，回到家則是被大人用另外一種方式教育，兩者在意識形態上完全不一樣。

一個很有趣的例子：我的國小同班同學許喻理，是司法院院長許宗力的女兒。她是老師疼愛的好學生，功課很好、文靜漂亮，而我是討人厭的臭男生，整天把自己搞得髒兮兮，兩人在班上完全沒有交集。多年之後，我們在街頭運動相遇，聊起成長背景，她有很多文靜漂亮的朋友，父母親都屬於高社經地位，大學教授、高職等的公務員等等，她的那群朋友都走上父母親所期望的人生道路；但她跟我竟然殊途同歸。本土課綱對我們確實有很大的啟蒙和薰陶效果。

我跟童智偉的成長背景完全不同：他來自台灣中部農家，我則在所謂天龍國的蛋黃區長大。我們非常契合，正是因為我們會對同樣的事情路見不平，挺身而出，這種直覺是很類近的。對自己小孩的未來，我沒有什麼特別的期待，只有一個想法，就是我不要我的孩子活在現在這樣狀態的台灣社會。看起來我們處在一個不算壞的太平盛世，但我期待，不管十年或二十年之後，台灣社會的價值和狀態會有改變，不要原地踏步。

參加苑裡反瘋車行動的時候，當地鄉親去開會，我們這些年輕人就幫忙顧小孩，那時他們做了一件T恤，背後寫著一句口號「愛我們的子孫，疼我們的土地」，看到年輕爸爸穿著那件T恤，抱著自己的小女兒，那個背影讓我超感動，那是我第一次感覺到，我做的事情與下一代產生了連結，我就是希望我們做的一切，能讓孩子們長大以後不用跟我一樣，要面對企業怪獸和棍棒。他們依然可以有他們的主張，他們依然可以出來靜坐，可以走上街頭，做任何自己想做的事情，但我希望他們不用承受我所承受的這一切，這種頭破血流的抗爭。就像《鹽水大飯店》[4]的主要人物李文欽說的，「苦難到我這裡就好。」我對下一代的感覺就是這樣——不是希望孩子做什麼，而是對自己的期待。不同時代有不同時代的苦難，我相信孩子長大之後還是會有屬於他們的時代的苦難，但我能夠做的，就是努力讓他們不必承受我所承受的苦難。

王雲祥在台藝大戲劇系活動現場，2012年。

4．鄭文堂、林志儒執導之影集。2024年3月，公視台語台首播，劇情藍本為農運先驅戴振耀（1948-2017）生平。

III 現場

（之間）

網路經營與公民倡議

瞿筱葳

三十九歲，紀錄片工作者

四十九歲，作家

從專案到黑客松

二〇〇〇年時，科技圈有個叫做藝立協[1]的社群，由高嘉良和唐宗漢[2]發起，每個禮拜天下午，在紫藤廬茶藝館聚會討論，推廣開源（open source）協作的概念。不少年輕開發軟體的人士都去參加，也有科技界以外的跨界人士，例如我是新聞界的，也有社運界的，還有一些文科背景的參與者。這個群體維持著固定聚會和網絡關係，後來有些人也加入了g0v.tw社群。到了二〇一二年，當時整個社會對國民黨執政的政府不滿的氛圍很強，很多民間團體走上街頭，對各種議題做進行抗爭。當時雅虎（Yahoo）舉辦了一個Hack Day活動，參加團隊必須在兩三天內做出一個原創模型（prototype）、一樣產品。受整個社會氣氛鼓舞或激怒，幾

1．藝術家獨立協會（Elixus）之簡稱，1997年成立。

2．後改名為唐鳳，曾任中華民國行政院政務委員（2016-2022）、數位發展部部長（2022-2024），2024年10月就任中華民國無任所大使。

個朋友做了一個「中央政府預算視覺化」專案[3]相當受矚目，很多媒體報導了這個專案。那次得到五萬元獎金，辦完慶功宴還有餘款，我就說拿來辦黑客松[4]這活動吧。

黑客松的組織方式，是參與者自己說要做什麼案子，然後上台提案，提案人就是那個案子的坑主；如果坑主願意說自己是g0v.tw，就可以聲稱她／他是g0v.tw。我們不是會員制，不用繳會費，沒有決策中央，是個多中心化的鬆散組合。概念上，任何人都可以很自由地聲稱她／他是g0v.tw之一。g0v.tw的標誌也是開源授權，是一個野放型的社群，歡迎大家參與，端看個人和社群的信任關係，還有自己是否願意被稱為g0v.tw的一員。

在藝立協階段，參與寫程式的人大多是二、三十歲，在線下，大家常聚在一起。二〇一二年後，其中有些人又參與了g0v.tw——零時政府，又有更多不同的人參與，更具有公民色彩的開源社群就是這樣開始，然後沒有停下來。

g0v.tw這個社群的成員初始以黑客（hacker）為基底，主要是寫程式的。若是要辦活動或是撰寫文案，還是得有人擔任組織者，等於黑客和組織者這兩種人都存在於g0v.tw這個社群，我主動做了組織者的工作，一起發起了社群。高嘉良——也就是我的先生——和我大概負責了前六年

（二〇一二—二〇一八）的大松活動，初期幾年辦黑客松的所有設備都放在我家的地下室，到了兩個月一次的聚會時間，我們就開一輛車，把設備運過去，大家集結起來，若要直播或要做什麼事，就各自出人出力。

最初g0v.tw無意往特定方向經營，反正大家一直有聚會，那段期間，重大社會事件和地震、風災等重大意外事件不斷，例如八仙樂園塵爆，科技人就運用開放源碼、開放資訊的方式參與，這有點磁吸效應，寫程式的人提出許多方便使用的程式，吸引了一群願意接受和運用這些程式的非科技人，大家用彈性的方式組織這個社群，維持到現在。這是比較初期的運作動力。到目前為止，g0v.tw還是用黑客松的方式捲動。

台灣的開放原始碼界社群其實非常豐富，每年的開源人大會約有兩千人參加，基礎本已蓬勃。眾多開源社群中，關心公共議題的軟體人，大概都會參加g0v.tw的社群，文組背景的人士也會來，g0v.tw的龐大社群，可說來自很多既存的開源社群。

開源社群與社會運動的交會

二〇一一年，黑色島國青年陣線很積極地投入華隆關廠工人抗爭，每天記錄這是抗爭第幾天。二〇一一年八月初，中國海協會會長陳雲林率團

3．參見g0v.tw台灣零時政府臉書專頁，「預算視覺化」的故事，https://www.facebook.com/share/pMFcS2dSGJ4ghTNX

4．參見揪松網，https://jothon.g0v.twg0v.tw/

搭專機來台訪問，馬英九政府做了一些惹惱民眾的舉動，包括不准秀出國旗、嚴格的交通管制，屢屢激怒社運界，這個事件算是g0v.tw參與社運的開始。當時的社會氛圍與社群做的事情緊密結合，大家很熱情地投入，線上線下把議題炒熱了起來。

二〇一四年三月十八日爆發「反黑箱服貿」運動之前十天，三月八日，有一個很大的反核遊行，那一天g0v.tw有人去現場做直播演練，那時候有很多街頭事件，開始會需要用到直播。到反核遊行做直播演練的，是網名AU的唐鳳。三一八學運爆發了，大家衝進立法院，很快速地用同一套方式直播，立法院現場一度沒有網路可用，於是大家用手機直播。

三一八學運期間，g0v.tw社群一貫地採取開放的態度，如果有誰願意聲稱自己是g0v.tw的一員，那她／他就可以來。當時社群熟悉硬體的參與者設置了一些AP[5]去現場布建，不知為何，現場的AP時不時就有不明原因的破壞，所以需要設定密碼，還要定時更換密碼，維護的人也要換班；這一切運作全部是參與者自行制定規則，在網路上討論。考量到安全問題，大家很快發覺不能在網路上討論，於是制定不同規則，用其他方式確定網路安全。

那時立法院議場有出入限制，大家知道g0v.tw負責看守AP，所以會讓g0v.tw社群的人進入。g0v.tw社群參與者在身上貼g0v.tw的貼紙，看

5．Wireless Access Point，無線存取點。

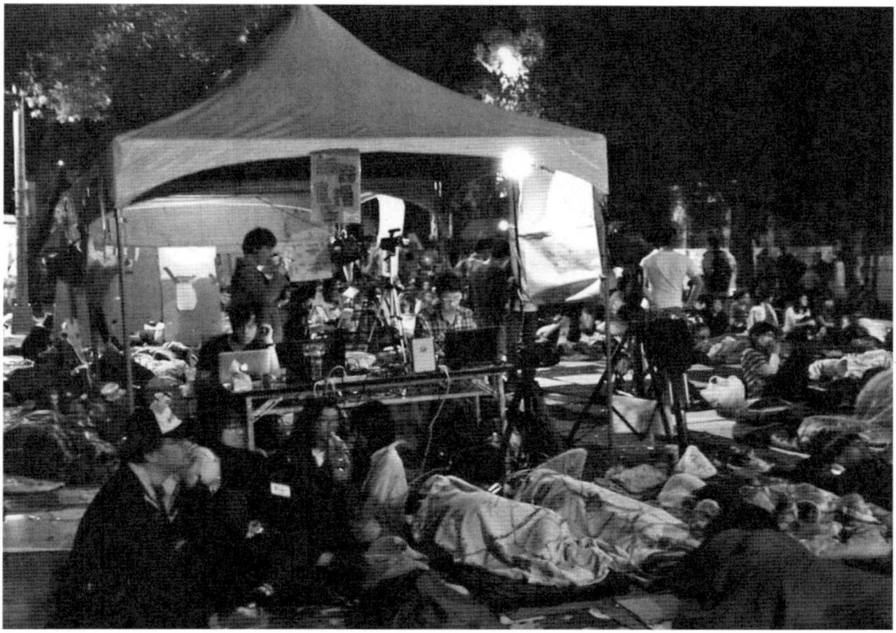

三一八學運現場，g0v.tw處理直播之帳篷。

到那張貼紙，守門的夥伴就會讓人進去。

g0v.tw沒有單一決策中心，也不會有人自詡為核心人員，作為一個社群組織，與社運界用協力的方式互動。g0v.tw是一群野生的、獨立的個體參與者，以一種奇妙的集體方式貢獻社會運動。三一八學運時，青島東路有一個帳篷區，現場決策小組裡有來自綠色公民行動聯盟的成員，我和對方說，因為要處理直播，g0v.tw需要一頂帳篷，他們很快弄來，讓大家當作直播據點。

當時的社運團體和g0v.tw之間有著一定的默契，以互相信賴的態度合作，實踐大家的想法。三一八學運的現場，可說是一個很大的實踐場域，甚至是一次綿延二十多天的超大型黑客松：不需說自己的真實姓名就可參與的一項活動。議場內有一組人可以共筆，參與者可以飛快地把直播內容轉譯成文字，將資訊同步傳播出去，同時讓場內接收外界訊息，機動性和開放性都很強，這和傳統的社運形式不大相同，大家不需要以綁定的性質確認彼此的關係。那是集合結了模糊、開放、彈性、封閉這幾種不同屬性的組合。

那時很多身在海外的留學生，看到逐字稿就翻譯成英文和其他語言。這樣的貢獻者在參與社運的方式，就不是傳統在現場的形式，不是檯面上以組織型態為主的社會運動。這些不在現場的人可以很即時地運用平台工具提供協助，變成參與者。不少人因而進入了g0v.tw的社群，後來也積極地參加活動，開立專案，解決自己所看到的社會議題。

在三一八學運期間，大家看到了實踐的可能性，學運之後，g0v.tw的社群便有一大波成長。g0v.tw有一個社群的名稱，帶有一種既模糊又有彈性的開放性，這種組成方式在那時可以大規模地吸引很多不一樣的貢獻者，大家輪番上陣，做出實質貢獻，而不只是在旁邊喊加油。

開放政府如何落實理念

三一八學運後半年到一年左右，g0v.tw和整個社會運動還有滿大的連結性，經歷學運場域的實踐，很難得地，資訊圈和社運圈產生了連結，可以跨越社會階層和生活圈交流，後續效應持續迴盪。沃草成立、罷免蔡正元立委的行動……都有g0v.tw參與者的身影，不論罷免行動的工具系統，或是各級選舉出現的新的組織、新的資訊系統，很多人陸續以g0v.tw的名稱進行，有點像是大家常常在講的，社運失敗不一定是失敗，活動的結束不一定是結束，而是像花朵瞬間綻放開來，在很多不同的地方展現。

二〇一四年那一年內，有許多社群連結相繼推出，像是小蜜蜂的活動，也是以類似的機制運作，很多人嘗試用網路社群連結實踐民主政治的各種可能性。g0v.tw一開始喊出開放政府（open government）的概念，確實也有越來越多人關注開放政府這個議題。後來那幾年，g0v.tw社群在國際上連結類似組織，尤其是韓國和日本，然後台灣的社群和這些組織一起舉辦國際的黑客松，把關心某個議題的人聚集起來，和國外的友好組織就該議題進行討論。g0v.tw社群也持續和歐美國家有過類似交流，不過，這幾年g0v.tw國際交流小組固定與日本和韓國團體合辦活動，東亞的國際公民科技互動特別多。

二〇一六年，國民黨與民進黨政黨輪替之後，社運界的氣氛就不太一樣了。之前大家還有一些國家認同的爭議，主張社會改革，政黨輪替以後，很多人覺得開放政府、開放資訊、開放資料這些原先大家可能不大理解的概念，都被蔡英文政府大大擁抱，黑客松一度變成大流行，唐鳳也被延攬進政府了。g0v.tw提出來的「開放政府」「公開透明」這些口號滿好用的，遇到選舉，每次都不斷被借用，「白色力量」的口號也源於這個概念。喊口號不難，要做到卻很難。在柯文哲擔任台北市長任內，我曾受邀在台北市政府擔任「開放政府諮詢委員」，參與了一、兩年會議，但實質改變有限。

社運團體和政治的關係很微妙，大家以為改革得到成績，終於換了一個較為民主開放的政府，於是有些社運的主張被吸納進新政府。那麼，社運團體的主張是否被實踐，還是被消費而已？這是值得不斷在思考的問題。

二〇一四年、二〇一六年到二〇一八年之間，g0v.tw的社群做了非常多國際交流，和美國、英國、法國、日本、韓國等國家互動，國際友人都非常好奇，為什麼在台灣可以凝聚這麼多人，持續辦黑客松，還捲入社運界人士，把社群討論的議題實際用於社運，社群裡的集結方式，直接改變了社運的組織方式。以往社運團體最常見的集結方式就是成立協會，需要幾十個人署名發起，然後聚會、行動、開記者會等等；g0v.tw介入社運的方式並不是這樣，沒有開過記者會，因為沒有人可以代表g0v.tw，參與者和社會都逐漸理解此文化。對外講話，參與者都說自己是g0v.tw的某人，但個人不能代表g0v.tw發言，所以g0v.tw在三一八學運期間沒有參與任何連署——g0v.tw一直都在，但不會成為掛名團體之一。

和各國交流g0v.tw在三一八學運運作的方法時，我們發現日本有社群以公司的型態和政府進行類似合作，他們以協作的方式改變政府內部，韓國也有類似模式。可是，台灣的民間社群有很強的生命力，想要改變社會，有很強的社運精神。

次文化的社群的衍生

對我們來說，台灣是一個永遠有政治危機的地方，中國的武力威脅始終存在，還有颱風、地震，所以我們隨時要應付危機，保持警戒狀態。Covid-19疫情警戒期間，g0v.tw把黑客松搬到線上，某種程度上，社群維持了正常運作，大家可以在線上用工具協作。

十幾年下來，g0v.tw的發起人群都步入中年了，很多人成家生小孩，近幾年，黑客松聚會時，多了很多小朋友，有些g0v.tw早期的參與者，他們的小孩已經上國中、高中了，兩年辦一次的g0v.tw高峰會，已經有國中生和高中生參加——我曾遇到三一八學運時幫忙聽打逐字稿的小學生，現在已經讀高中，他在設計線上投票，用他的方式參加黑客松——他們有組織力、有實踐力，如果把他們當作g0v.tw的第二代成員，我的小孩現在讀小學和幼稚園，他們會跟我去黑客松玩，在那邊想以後要做什麼，可說是第三代了。

在我看來，g0v.tw是一種做事的方法，一種政治理念的交流，認同的人就可以加入，不分年齡，也沒有交棒的問題。近兩年我們開闢了「零時小學校」的區塊，那是一套開放寫作的方式，有人做了一套教材，可以拿到高中的「觀察與實作」課程中運用，讓公民老師用來做社會議題的觀察

瞿筱葳在g0v.tw高峰會現場，2024年。

和討論，完全貼合現在國高中公民教育的需求。所謂的公民素養，可以透過特定程式對特定社會議題做研究和觀察。所以g0v.tw這整套運作可以幫助大家觀察社會，看自己想用什麼資料做出什麼成果的原型（prototype），接著繼續往下完善。一直以來，g0v.tw這個社群的基本行事原則就是非政黨化的（non-partisan），這個原則始終存在。

相對於主流社會，g0v.tw已經是一個次文化，然後孕化出又一個次文化。它有如德勒茲（Gilles Deleuze）的根莖理論所描述的，各種想法可以透過多樣化的過程發展，不必固守一方，可以有無限延伸的開放性，g0v.tw就是這樣一個根莖狀或者說是多向的非組織。在成長過程中，有一些地方可能老化、死掉，有些年輕的、新的根莖就會長出來。

劉宇庭

二十七歲，軟體工程師

三十七歲，軟體工程技術長、中級救護技術員

討論公共政策的軟體工程師

我在苗栗的卓蘭長大，那是政治光譜非常藍的地方，家裡沒有鼓勵關心政治的氛圍。我有一個哥哥一個弟弟，他們很會讀書，而我功課很普通。最早意識到政治這件事，是李登輝第一次選總統的時候，國民黨在我的家鄉辦造勢遊行，有很多宣傳車，我看了就問爸媽那是什麼？我爸媽跟我說，看就好，不要問。小學一二年級的時候，有一次我跟爸媽說，蔣經國也沒有很正派。為什麼這樣說，確切原因我已經不記得，現在我會自我調侃，因為我出生在一九八七年，解嚴那一年，可能帶著前世的記憶。

小學六年級的時候，我參加了校內糾察隊和自治幹部的組織，加入後就主動調整放學流程。說來也是一種政治，因為在團體裡要訂定新規則，要和老師協商，在權力不對等的環境，要讓大家聽我的，就需要一些策略，提出大家可以接受的經營管理的概念。

上了國中，有學業壓力，被逼著往學業的方向走。寫程式開竅的那一年是國中一年級，我選擇了開源的PHP與Linux，我很想往資訊處理發展，當時成績不好，沒什麼學校可以就讀，有一位老師就建議我，回卓蘭念實驗中學。學校給了我很多資源，電腦教室我都可以用。那是我資訊技術突飛猛進的時候。卓蘭實驗中學的校長非常開明，在學校推行學生會與議會，讓我們選學生代表，組成學生會，鼓勵我們參加聖約翰大學辦的議事訓練營隊，讓學生認識什麼是議會，我自告奮勇說自己願意參加。那是我第一次對國會議事規則等等知識有初步的了解。

高中時期我參加了全國技能競賽，取得了網頁設計職類的金牌，也因此保送大學，當年的勞工委員會主委是李應元。

我從很小就真心認為，攸關台灣經濟發展的競賽裡，全國技能競賽是非常重要的。很多高手都經過這樣的管道被人看到，不只是IT產業，還有傳統產業的板模師傅、土木工程人才……等領域，台灣都有很優秀的人才，在各種領域走在很前面。

我常常說我是做工的。我爸爸也是做工的，他在東勢長大，東勢高工畢業，那是間專門培訓各種技能的學校。爸爸做過CNC[6]，曾經在新莊有間工廠，所以我其實也很喜歡CNC，喜歡各種工具，也因此我常說撐起台灣經濟的是做工的人，不是政客。

6．computer numerical control，電腦數值控制，經由電腦自動控制機械加工工具和3D印表機等機具。

我的功課比不上哥哥和弟弟，拿到全國性技能競賽金牌之後，爸媽覺得這個小孩不是他們管得動的，好像也不必太幫我擔心。一來我很早就經濟獨立，有一段時間，我在聯發科工作，家裡長輩就覺得，那是聽過名字的大公司，也就放心了，只是後來我因為發展路線不合而離開聯發科。長輩們難以理解我的想法，但也相信我會有自己的路。就這樣，當我參與政治活動，爸媽無法理解，但也沒有太多意見。

畢業後，我懷著學習和探索的心情來到台北，期望能透過短期職位汲取更多業界經驗。我投身於一間大型科技公司，雖然時間不長，但我很快投入工作內容，這段期間讓我體會到實務經驗的重要性，也建立起我與職場的第一份連結。

當兵時先在成功嶺受訓，有一位海巡署的長官來視察，詢問有沒有人會做網頁，我說我會製作網頁。就這樣，我被派去海巡署服役，工作地點在中巡局，每天從寢室走到辦公室上班。我負責做海巡署中巡局的網頁，還做了即時氣象系統，在海巡署安檢所的螢幕上，漁民就可以看到當天氣候是否適合出海作業。

二〇一二年，退伍之後，我還是到台北尋找工作。從小我就很嚮往台北有很多資訊社群，大家可以一起討論一起進步。那一年 g0v.tw 成立，我發現他們討論很多公共政策，其中不少正是我長期關心的領域，於是跑去參加。不過，我以軟體工程師的身分參與，並沒有直接參加社運活動。

直播社會運動，大規模的協作

二〇一三年七月，聲援洪仲丘大遊行之前，社會氛圍中累積了許多怨氣，我所參加的開源社群，不管線上或線下，大家難免會聊到時事。有些人並不喜歡談技術之外的話題，但是，社群的選擇多，氣味相投的人自然會聚在一起。台灣有許多資訊工程師，基數夠大，參與開源的人就非常多，在社群裡，很多工程師會開發出一些程式，讓大家自由使用。那時比較有名的聚會，像是COSCUP或MozTW，匯集了很多社群，或是各種開源資源。平時大家主要聊技術面的話題，但洪仲丘事件引發眾怒，就有人在開源聚會中問道，有沒有人要去參加聲援行動?沒想到就揪了一群資訊工程師前往遊行現場，看來資訊工程師不是只會宅在家。大家依照網路上號召的，穿著白衣上街，那樣的號召力和行動力真的震撼到我。那是我第一次走上街頭，不過我只是一個外圍的響應者。

後來我比較明確地參與社會運動，就是三一八學運。三一八學運發生那天，就有朋友去了現場，隔天資訊社群有聚會，有人說立法院現場有直播但沒有人顧，問我要不要去幫忙，我就說好，當晚我就去到現場。那時我在遠傳旗下的電商工作，下班後就去立法院現場顧直播，這樣的行程持續了將近四個星期。到場時，我們會說自己是來自 g0v.tw 的貢獻者，所以三一八學運現場的網路直播，被大家認定是 g0v.tw 負責的，其實我們只是自發的貢獻者。

立法院外有一個帳篷，當作我們的工作區。g0v.tw 貢獻者們做了一個網站：g0v.today，結合很多開源工具，像是 Hackfoldr、Open Street Map……等，許多人在上面共筆編輯各種資訊，除了現場直播，物資調度、工作分配以及其他大小事務，都以共筆的方式在上面討論。每一份共筆、每一筆修訂，都代表著一種群體智慧的累積。網站的高流量反映出社會大眾對公開透明資訊的需求，許多國內外媒體也以此為主要消息來源。對我來說，這正是資訊工程可以促進多人參與公共事務的最佳例證。也許 g0v.today 網址容易記憶，加上共筆的反應速度很快，差不多成了三一八學運的入口網頁。

幾次聽到有人說，他們發現AP被破壞，所以為了防止設備遭到破壞，有人開始安裝監視器。畢竟在議場長達二十幾天，AP大小故障的事情不免發生，很難說有人蓄意破壞，也可能因為現場人多混亂，不小心碰到纜線而斷網，或者操作不當。後來貢獻者有個輪班機制，確保網路直播不斷訊，也備份共筆內容，避免紀錄不小心被清掉，努力透過網路維持現

g0v.tw在三一八學運現場，2014年。

場的公開透明。

遠端且在地的個人演練

二〇一四年，柯文哲當選台北市長，g0v.tw的貢獻者們被邀請參與一些公共政策的討論，我參與比較多的是台北市的災害應變系統的建置。我的家鄉卓蘭算是九二一大地震的受災區，那場地震發生的時候，我還是小學生。家裡沒有直接受到巨大災損，但是卓蘭及東勢不少房子都倒了，心理上非常受震撼。直到現在，我對救護、搜救這類的公眾事務一直很關心，也一直用我的專業在協助。

在此次的合作中，感受到社會局及消防局很積極熱情地歡迎我們這樣的民間力量，但流程設計上我們必須透過資訊局，中介我們與其他處室的溝通，使得訊息不太流暢，效果不佳。防災之外，我參與g0v.tw的公共政策討論，還有vTaiwan、開放資料、人權議題、衛生福利相關、假新聞等，也累積了不少的小工具。

二〇一六年，我和g0v.tw共同創始人高嘉良、唐鳳及其他社群夥伴去了一趟法國，參加開放政府夥伴關係聯盟的年會，和法國政府部門建立了很友善的關係。我們去了法國總統府，參訪了討論公共政策的單位。對

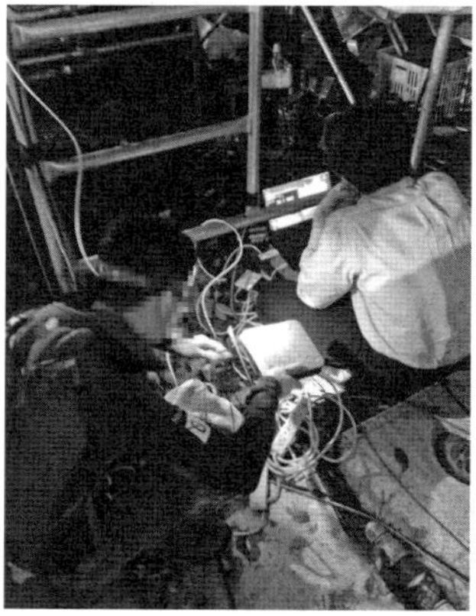

三一八學運現場，g0v.tw參與者作業狀況，2014年。

方告訴我們，他們怎麼進行開放政府的相關討論。他們對台灣印象很深刻，因為那時我們也分享了台灣有哪些公共參與的制度及未來計畫。

那是我第一次參加大型國際會議。二〇一六年之後，我去了美國的華盛頓，OGP[7]的總部在那裡。我也去喬治亞的提比里斯（Tbilisi）參加二〇一八年的OGP年會，在那之後幾乎每年都去參加一至二個國際的年會，主要關注網路自由、人權與開源文化。也有越來越多這些類型的國際年會在台灣舉辦，例如二〇二五年有由即刻連線（Access Now）主辦，每年一次的全球數位人權大會（RightsCon），這些是台灣值得驕傲的故事。

三一八學運後，我去了新竹科學園區的聯發科，大概待了半年，感覺自己和社會脈動有點脫節，就回到台北。二〇一五年，我去了一家製作標籤的台商公司正美集團，想試試協助公司進行數位轉型。那時我已經開始擔任主管職了。接下來的工作轉換，大致有兩個原則，一是我希望留在台灣，二是我希望為美商或本地台商公司效力。這幾年有很多美籍華人老闆開的美商公司，因為疫情，他們會找台灣的工程師合作。我遇到很多美籍台灣人，在美國住了很長時間，他們都是挺台灣的，我喜歡在這些人的團隊裡工作，雖然沒有在本地的公司工作，但在美商公司遠端工作，主要居住在台灣，這算是支持民主陣營吧！也間接支持台灣的經濟，我還可以持

7．Open Government Partnership，開放政府夥伴關係聯盟。

續做一些我喜歡的公共政策討論和推進。

高中時參加全國技能競賽，各個領域的高手都住在選手村，大家有著各種厲害技能，水電、木工……他們教了我很多實作經驗。在選手村的時候，我們就自己架設網路，水電或各種電器故障都自己動手處理。在競賽的那幾天，我感受到自由技術社群的力量。這些高手來自不同領域，但都熱愛分享，願意投入時間協作。開放的態度深深影響了我，也讓我更堅定要把這樣的文化在台灣推廣開來。無論是資訊、建築還是製造，如果能把這樣的一群人聚集起來，以開源的概念一起協作，讓大家動起來，一定有辦法打造一個很棒的未來。我在德國混沌電腦俱樂部（Chaos Computer Club）的年會發現了類似的文化，期待這是台灣的未來，一種熱於分享的開源文化，這也是我喜歡台灣的原因。

這幾年我還是持續在我關注的議題上，有空還是會去 g0v.tw 的聚會，而我更鼓勵年輕人積極參與，所以想把更多機會留給年輕人。現在的我更專注在防災與救護，考取了 EMT-2 、ACLS、PHTLS、TECC 等多項急救與災害應變證照，參與了救護志工，為了台灣的天災做準備，也為了台灣的軍事威脅做準備。

一種場記

林正盛×楊正欣

我的政治啟蒙

林正盛：三一八學運是我初老人生的救贖，這必須話說從頭。

成長過程裡，懵懂隱約地，政治就在我身邊了。我祖父是一個左派，是日據時代農民組合、文化協會那個時候的左派，他曾經因為參加那些左派組織的活動，而被日本殖民政府通緝，去中國流浪很多年，然後才回到台灣。回來的時候，兒子都已經長大了。

我父親受日本教育，政治立場不是很清楚，一般會說是政治意識上的右派，應該是屬於相信資本主義的。小時候我們家就訂《今日美國》那種雜誌，他相信現代、進步，相信民主自由。他是個基督徒，會上教會，雖然不是很常去。他受的日本教育其實是很西式的，日本在明治維新以後那種。

我在祖父和父親不同政治信仰的背景環境裡面長大，所以對政治的東西，我從小就處在一個不知道該相信誰，質疑一切的狀態。

十幾歲逃家當麵包店學徒的時候是戒嚴時期、黨外時代，曾經跟我的麵包師父去聽康寧祥選省議員的演講，還去聽許信良選桃園縣長的演講，也跟著大家參加街頭抗爭。其實我知道很多上街頭抗爭的人，現實生活都很苦悶，找不到出口，生命有一種渾沌不明的苦悶感，需要相濡以沫，街頭抗爭讓人感受到一種生命的溫度，那種同陣營的情誼。雖然大家幾乎互不認識，可是見面時一起罵國民黨、蔣介石的時候，我們感受到一種生命的溫度，難以言喻的安慰，因此每一次有什麼街頭運動，我們都會去參與。有時候是去聽演講，或者買一些黨外雜誌。後來楊祖珺、胡德夫他們寫了〈美麗島〉、蔣勳的〈少年中國〉等等的，就買回家晚上偷偷地聽，尋找一種填補空虛的安慰。

在那樣的苦悶青春歲月中，我偶然遇到進入編導班的機會，成為我生命的救贖，讓我找到一個我真正相信，真正強烈地覺得我可以做的東西，所以我就往電影的方向走了。後來我拍電影了，自然就離各種街頭運動越來越遠。我覺得我應該要用拍電影的方式回饋台灣社會、回饋這個世界。後來甚至覺得，電影創作才是最重要的，在街頭參加抗爭活動這些東西，已經離我很遙遠了。

三一八學運主要是在保護我們擁有的現狀，它讓我重新去思考：真的埋頭拍電影，難道就可以了嗎？如果沒有這群學生出來擋住服貿協定，往後的台灣電影會是什麼樣子？台灣會不會整個往中國市場走？台灣人是不是會為了市場，慢慢忘記要拍自己的電影？

這不是對與錯的問題。拍一部電影要花那麼多錢，成本那麼高，需要服務那個市場，創作者必然要迎合那個市場要的東西。中國共產黨就是利用它那麼大的市場一直在吸引人，為了進那個市場，就要放棄什麼，就要聽它的審核管制，什麼能拍，什麼不能拍；拍了就不要想去那邊，他們不會批准上映。

這樣回頭想，我參加街頭抗爭，走過那些上街頭的日子，是有意義的。三一八學運把我拉回街頭抗爭這個位置，拍了二十幾年的電影之後，我警覺到，我以為拍電影可以講我要講的話，我只要把電影拍好了，用電影跟大家溝通，就可以讓全世界了解我們。如果我們的市場整個往中國走，那就會有很大的不同。三一八學運提醒了我這一點，它對我來說是這樣的意義。

楊正欣：我的政治啟蒙應該是一九八八年的五二〇農運，那時候我在台北車站那個現場，警察鎮壓那一場我也在。那時我還是小學生，我爸爸的公司在監察院附近一棟大樓裡面，我在高樓往下看，就看到噴水車鎮暴的場景。我十歲出頭的人生，第一次看到警察這樣對待人民，當時就一直掉眼淚。

其實我爺爺以前是警察。警察鎮暴的場面對我是一個很大的衝擊，回到家，我問爺爺警察的事情，得到的答覆，只是以暴民相稱群眾，無法滿足我心中的許多疑惑。直到高中，三民主義老師不上三民主義，在高三上學期講馬克思、階級鬥爭、剝削等左派思想，所以我的大學聯考，三民主義只有三十幾分！我會用老師教的那一套去想，三民主義到底在講什麼？我會覺得太莫名其妙了。從小到大，台灣人是生活在所謂的國民黨式黨國教育下，接觸到新的知識時，就會產生巨大的矛盾。我在這樣的衝突矛盾下長大，上了大學開始去找答案，去尋找什麼是真理，開始慢慢走向左傾路線，所以大學的時候就去參加工運、學運，甚至原運。

大學時代我參加異議性學生社團，上街頭抗爭，看紀錄片，參加讀書會，做所有左膠青年會做的事，那真的是很大的思想攪動。高一不小心讀了卡夫卡的《變形記》以及一堆存在主義小說，外加家裡做錄影帶生意，瘋狂地看了好萊塢、歐洲電影，讓我想讀影視科系，但不小心填錯志願，主修廣播。我覺得廣播內容實在太無聊、太淺碟了，是在浪費生命，不過電影是有趣的，紀錄片也是。說起來，我要特別感謝黃國超，他放映了林正盛導演的紀錄片《老周、老汪、阿海和他的四個工人》以及《阿豐阿燕的孔雀地》。我大受感動，想拍紀錄片遠勝過拍劇情電影，我就到部落去拍了一部種植香菇的紀錄片，那是我的畢業製作。

畢業後，我去電影雜誌社工作，然後才有機會加入劇組拍電影，學技術。最初有機會拍攝紀錄片，是跟著瞿友寧導演拍紀錄片，罕見疾病的題材。但那時我的心臟不夠強，面對罕見疾病的孩子，我還不夠成熟，沒有辦法處理自己的心境，拍到自己很難過，所以又回去拍劇情片。再拍紀錄片就是跟其他導演工作，有些導演拍紀錄片有很聰明的方式去處理敘事，但是我覺得那些方式又太聰明了，比較沒有溫度。就這樣在紀錄片與劇情片之間來來回回，中間還是會跑去關注社會議題，不管在臉書還是哪裡，一直留在同溫層裡。

三一八學運發生的時候，我在當紀錄片的製片、副導，同時幫姊姊的公關公司工作。公司在立法院附近，要過去關切很方便，就記錄起三一八學運現場了。

當時立法院和周邊很多人，也有很多討論，大家的熱情會被點起來。那時候還跑去跟世新社發所很多老師反應，我們社發所為什麼不出來做一些什麼？記得我一直在怪老師們，說我們真的不做一些什麼嗎？我們是真的這麼左，左到變親中嗎？很多老師某個程度上是左統，尤其《夏潮》那些人，但左派的主張可以被無限上綱嗎？就這樣，後來才慢慢慢慢地，弄出一個宣言，強調「資本的利益不是人民的利益，自由貿易不自由，拒絕壟斷與剝削的未來，青年站出來反對服貿條款」。

當時社發所內有些老師做關廠工人去臥軌的，或是長期做中國農村研究、勞工研究的，我會想得到那些左派的知識，畢竟我們也念了很多左派的著作，但是我沒有辦法接受一些太左太激進的主張，好像中國什麼都是對的。

在學校的時候曾經去菲律賓實習，菲律賓的那些NGO全部都是左派，只要是共產主義就是好的，我還買了馬克思、毛澤東的馬克杯；但是我參加會議的時候，我覺得他們實在太激進了，到後來我受不了大笑起來：這根本是一個消滅資本主義大會，太誇張了，太極端了。三一八學運之前，我參與了很多台灣NGO，所遭遇的困境與創傷是一樣的，議題的話語權永遠掌握在少部分人手中，我們在新聞、公開場合看到的，都是議題英雄、菁英們的詮釋，與人民生活太遙遠。但是，菲律賓的實習經驗讓我重新思考，我可以運用什麼工具、方式來呈現議題、價值觀的更多元面貌；所以，攝影機是我最重要的一支筆。

林正盛：說到黨外時期的街頭運動，那時其實沒有強調統獨，我們那時候沒有想過「台灣是一個國家」。雖然我祖父是左派的，也是大中國派，從小家裡或學校的教育都告訴我們，我們是中華民族，是中國人，大家思考的都是中國人的前途是什麼？即便在台灣，即便我們參加黨外運動，黨外時代也有一些人是很左傾的，思想卻跟中國連結，很容易發展成大中國民族主義。因為沒有分統獨，主要訴求就是反國民黨，反對國民黨的人就是黨外，國民黨之外，統跟獨的人都包括。

當時很多人相信中國共產黨是中國最後的希望，因為共產黨打破階級，雖然我有很多懷疑，但一群人喝了酒，激情一來就唱〈國際歌〉。我們那時候也是窮人，總覺得馬克思反剝削，對他的思想有寄望。三十三、四歲的時候，有一天，唱著〈國際歌〉，我忽然發現歌詞裡說「沒有神仙」，那不就只有一個皇帝叫毛澤東嗎？那一刻開始，我就醒了，我不相信了，他們只有一個皇帝叫毛澤東，他們的土地都是國家的，國家是共產黨的，沒有什麼是人民的。就這樣，我不再對中國共產黨有幻想了。

第一次去中國是二〇〇七年，跟兩岸三地導演協會去北京，那時候有點激動。因為我祖父很喜歡中國，飛機抵達北京時，我就在心裡對我祖父說：「我來了，你喜歡的中國我來了。」他們安排很多活動，要去長城或哪裡參訪，幾天後我就很清醒，全部拒絕。我知道，站在長城上我會掉眼淚，會想起李廣「但使龍城飛將在，不叫胡馬渡陰山」，我會很感傷，但我不想在長城掉眼淚，那是我的歷史情懷，跟當代的中國沒有關係，我很清醒的不要跟現在這個中國共產黨有關。

我後來對中國的看法和態度就越來越理性，或者說硬起心腸，把歷史情懷收起來，不要在中國面前流露出來。

楊正欣：我看清中國，是因為西藏議題和自己的親身經歷。我們去西藏拍攝紀錄片，遇到被跟蹤、干擾等等麻煩，我開始去想，這個國家真的有問題，非常有問題。當時在幫公視拍攝《西藏．台北》，身為執行製片，我要聯繫與安排進西藏的拍攝行程，但一行人在香港機場轉機、抵達北京機場時，發生被跟監、跟拍的事情，同時被取消了入藏證。想想看，半夜抵達北京機場，導演跟我分別進入男、女廁所，一邊解放，一邊被人盯著看，真是上得會「尬冷筍」啊！無法取得入藏證、搭上青藏鐵路火車入藏後，我們只能訪問被軟禁在北京的藏人作家。一路上，我們都受到「保護」與「關愛」，導致所有工作人員只能坐困房間，一根菸接著一根菸抽，不敢斷火，因為沒有火柴、打火機，又不敢出門去買。甚至要回台前，在北京機場又是一陣騷亂。海關硬要我打開入境時已被打開且開壞的行李箱進行安檢，我氣到與海關對罵。

我們家是外省家庭，爺爺是江蘇人，故鄉在淮河畔，我去中國坐小飛機經過淮河的時候，也會想到我看見爺爺的故鄉了！但是我又想到，我爺爺那時候跟我講說，他此生沒有再回去過中國。他說他不願意回去，他不想看到共產黨，因為他被共產黨抓過，他知道共產黨的問題。長大後，我終於慢慢理解了。

我問過他：「你希望反攻大陸嗎？」他笑一笑說，怎麼可能呢？他還是個老國民黨呢！

直到二〇二四年，跟我叔叔聊天，才知道一件事情。我知道我爺爺當警察，但他更早之前是軍人，抗戰的時候他被共產黨抓了，後來好不容易逃到台灣。當時很多軍人來台灣之後就是被安排去當警察，可是他這輩子到退休都幾乎無法升官，因為他被共產黨抓過，所以不被信任。在中國的時候，爺爺在軍團裡面權力很大，可是到台灣之後，他完全沒有實權，一直當個低階警察。

爺爺從來不提，跟叔叔聊天，我才知道這個事情。我叔叔說，這算不算白色恐怖？我說這好像也是一種，比較間接的，爺爺只是沒有被抓而已，但是被冷凍在一個位置，不再升遷。跟爺爺同期當警察的，我們知道有郭台銘的爸爸，還有其他人，後來都可以升到很不錯的職位，可是我爺爺永遠只留在地方警察局，當個中階警察。總歸一句：國民黨、共產黨一樣爛，基本上就是人民要做主。這些背景都是塑造我們自己的一個過程。

三一八學運的時候，我很關切，正好紀錄片工會找大家拍現場，我就去了，在現場努力找一個自己觀看的角度。三一八之前，我參加過反媒體壟斷、士林王家反拆遷等等社會運動，還莫名其妙被警察摔過！很多不同議題、運動的累積，到了三一八學運才會整個爆出來。人民或是年輕人參與國家事務，到這兒已經是極致，對我來說，算是一個總結，再往後的運動，我反而參與得少了。

從三一八學運到青鳥行動

林正盛：三一八學運是一個很大的社會覺醒，很多人的政治啟蒙。三一八學運一開始的時候，我從新聞上看到學生已經進到立法院裡面了，陳明章打電話給我，說，要不要去立法院看看，我和我太太韓老師就跟他一起去。韓老師以前對政治沒有表現出特別的興趣，但那回她隔兩三天就想要去現場一次，因為跟著她，我也就三天兩頭地去現場了。作為電影導演、藝術工作者，我對社會運動一直很關心，所以我去現場觀察是很正常的事情；反而是韓老師，她以前對社會運動沒有顯示特別的關心，三一八學運的時候，到了現場會被燃起熱情，她就以極大的熱情參與那麼澎湃的社會運動，這是滿特別的。

我說三一八是我初老人生的救贖，因為這個場社會運動真的讓我反省很多。我埋頭拍電影已經有很長的時間，遠離社會運動很久，三一八學運卻把我再次拉進街頭運動，不過只在外圍，其實還是在做自己的事。當時我在書房貼了一張紙，寫著李登輝跟蔡英文說的那句：「台灣就交給你們了！」好像我已經得到我的救贖了啊！從此就覺得，應該交給年輕人了，讚美他們就好，好像年輕人會帶來新政治，沒有我們的事了。是這樣嗎？事後來看，這是很好笑的，好像我已經盡一己之力了，已經支持過年輕人了，接下來各位就自己加油吧，我做我的事情去了。這是多麼不負責任的一句話。

楊正欣：三一八學運是我作為熱血憤青的終點，那之後是我比較理性地用我手上有的工具，去做一些事情的開始。我習慣參加街頭運動時都帶著攝影機，隨時拍一些當下發生的事。以前沒有直播嘛，所以就盡可能記錄一下，回去稍微剪輯，變成現在所說的短影片，放上網路，讓被記錄的議題延續發酵。不僅是活動紀錄，更能將被記錄的事情引起網路上的討論。但是三一八學運之後，我覺得我們手上有的唯一工具，就是影像記錄，我更應該要來拍紀錄片，而且是用長長的篇幅好好地講故事。所以後來我認真地寫計畫，先去拍攝東勢的農民，後來拍西藏議題，拍藏人，這十年來，到這部《民主，練習中》，共拍了三部紀錄長片。田野的過程就是很努力深入，好不好我不敢說，但是我努力嘗試用長片去好好講人的故事，講我關心的議題，我的想法。

林正盛：這表示妳是年輕人，妳是我說要交出去的時候，認真接住的人。

楊正欣：那我現在也可以交出去嗎？交給比我小十歲的人！

林正盛：問題是，我們都還在同一個時空裡面，繼續的存活著。所以接下來就交給年輕人是不可能的，我們還是要繼續努力參與。

經過這幾年，我在心裡沉澱出的感覺是，公民社會的進程是一個很複雜、漫長的工程，一步一步累積，沒有一步就可到位，也沒有特效藥。我們不要期待特效藥，既然是民主社會，就沒有明君聖主，不要期待哪個人很厲害，一出來台灣就好了！柯文哲是一個例子，時代給他機會，他搞成這個樣子；黃國昌也是個例子，多少年輕人相信他，結果他搞成這樣。

也許是小時候看我祖父聽「東方紅，太陽升，中國出了個毛澤東」，看多了，所以我有免疫力，誰在講大話，我馬上就看穿了。有時候，對自己的這個部分，我還滿驕傲的。三一八學運時，有些慷慨激昂的演講，我一下就走了，完全不要聽。有些演講站在道德的制高點，一聽就知道這個人不可以，在騙人。莫言的《紅高粱》裡有一句話，「最英雄最王八蛋」，英雄都是台語講的「詛咒讓別人死」，自己在當英雄，別人卻被害得很慘。所以我很反感英雄主義，聽都不要聽就走了。果然這些人後來就都像我當初判斷那樣。

三一八學運的年輕人不相信現有的政黨，要建立新的公民社會，但這要一步一步來，不是只講冠冕堂皇的話，我們需要的，是在必要的時候懂得內斂，懂得安靜的工作，懂得慢慢布局的人，帶領社會去做一些深化的東西，我們要相信緩慢、踏實，相信自己的努力。這種小小的努力是會累積的，會去感染身邊的人。

小時候受到黨國教育，當然有領袖的概念。我早已不再相信英明領導，投票是一定要投的，但我不再相信投了誰，誰就能救我們，我只是投給比較能信任的人而已，讓她／他幫大家做事，而不是把自己交給那種口沫橫飛的英雄主義者。

政界是有讓我覺得感動和敬佩的人，但並不是仰望的領導者，譬如黃信介，像個隔壁的歐吉桑，不是很有領袖魅力的人，但真正吃苦耐勞、犧牲小我，叫他去花蓮選立委他就去。蔡英文也讓我很感動，她在民進黨最弱的時候站出來，新北和台北的市長選舉，別人挑台北市，心裡打的算盤是，選台北市長，輸了可以接著選總統，蔡英文二話不說，就選新北市吧。她有那樣的勇氣，無私，會知道是時候該怎麼樣就怎麼樣，不要在那邊講一堆道理，這種實踐者就讓我很感動。信念不是拿來說嘴的，去做就對了。

所以我覺得，公民社會其實是這樣，選舉是一時的，一個手段而已，選我們自己最相信的。也不要相信我們選中的那個人就會帶領我們怎麼樣，我們也有自己的公民責任。就算投的人選上了，還是要不斷地監督、自省，不是選一個人來仰望。這大概是我對現實的政治、社會運動投入一些情感之後，所得到的結論。

另外，我越來越相信，要給年輕人自由。相對於我們長幾個世代的人，年輕人是這個社會唯一會挑戰、衝撞的力量。在利益結構中久了以後，為了生活和其他種種原因，我們有年紀的人會比較保守僵化，有很多框架和規矩，這是必然的，任何社會都一樣。進入這個社會，年輕人會很痛苦，這樣也不行，那樣也不行，他沒有自由。何不讓他衝撞一下？他們的衝撞是我們要忍耐的，因為可能對某些既得利益很不利，可是這也是社會可以往前一個很重要的推力。我們對年輕人可以批評甚至責罵，但同時要給予他們衝撞、嘗試的空間和光榮感。

楊正欣：以前站在監督或是反對的立場，就覺得政治很骯髒，充滿妥協和交易，但後來漸漸理解到，不進入體制裡，很多事情是不容易有機會的。如果需要進入體制，例如蔡培慧被延攬進政府工作，雖然很多夥伴不贊成，但我覺得她這樣來自NGO的，總比其他不夠格的人好，至少我們可以相信她的理想和讓人佩服的專業。

也是因為我們拍《民主，練習中》這部影片，要對許多年輕人做田調，我深切地發現一件事情：政治不但不骯髒，很多時候還很可愛。我看到好多年輕人對政治的熱情，對想做的事情，對自己的理想，都努力落實在政治上，讓我覺得很好！像是我們拍攝的廖郁賢，或是選原住民立委的Savungaz，她們勢必要奮力去突破很多框架，挑戰既有的勢力。如果有越來越多這樣的人出來，台灣就有希望，當然，這個是一個期待跟理想。

林正盛：政治是一個實踐的過程，有時候，需要默默去做，不需要太過招搖。如果我們現在感覺到，有人標榜出神聖的道德標準，或者動不動就要講，我們是新的政治什麼的，有時候，大家還真的會覺得很髒。「沉默的實踐」在台灣的社會慢慢在形成，大家越來越知道，該做的事情自己就去做，這讓我還滿感動的，因為我這個世代經歷過很多的幻滅，最大的幻滅，就是陳水扁的貪汙。

以前大家把柯建銘、王金平那樣所謂會「喬」事情的政治人物，不分青紅皂白地汙名化，年輕人很單純，認定喬事情是利益交換，一定很骯髒。可是，我們年紀較大的世代知道現實社會是什麼，有一些眉角必然存在，所以慢慢可以接受，喔，原來柯建銘、王金平這樣處理事情是可以的。但是，在這同時，我們要記得並且理解，很多年輕人很討厭這樣，他們會來批判這個社會，這兩種價值觀都同時存在。所以，我們年輕的時候也是在做現在年輕人做的事，年紀漸長之後，我們會漸漸知道社會內部的狀態、生活實踐的狀態。年輕人不知道，不理解，這也有好處，他們可以防止我們的社會久而久之、習以為常的慣性。

楊正欣：我曾經在我姊姊的政治公關公司幫忙選舉活動案，那是柯文哲第一次選台北市長的時候。我們常常在後台看到那些所謂的「喬王」，我那時候真的覺得，他們的做法很讓人鄙視，因為他們在後台的樣子跟公眾形象很不一樣，不管什麼知名的政治人物出現，我常常故意視而不見，直接忽視。

一直到近幾年，尤其是拍攝廖郁賢之後，我才開始覺得，所謂的妥協、協調、利益交換這些手段是無法避免的，分寸拿捏才是重點。如果都沒有人去批判，很容易會做過頭，好像社會上就是這樣。所以，年輕人反對、批判這些利益交換的事是很重要的，他們會形成一種拉力，一種避免腐敗的力量。

我的姪女知道我在拍《民主，練習中》，有一天，她突然問我：「姑姑妳是不是要從政？」嚇我一大跳！她說，因為她看到我常常在跑政治活動場，回來就在聊政治話題。可能以前我們在家裡不太談政治，因為我們家太藍了，為了避免跟我媽吵架，我就不談了，她愛投誰就投誰。這兩年反而是我媽跟我講一些比較藍的論調，賴清德當選就會爆發戰爭什麼的，我就回應她說，賴清德有那麼偉大嗎，他當選了，難道代表台灣人都選擇要戰爭了？

不過，我擔心的是這十年來，台灣很多人變得越來越有中國那種說大話的習性，越來越多人譁眾取寵。尤其媒體上的政治人物與名嘴，在一種自以為是的民主與自由的情境下，完全不負責任也毫無邏輯地亂說話、亂批評。此風漸長，蔓延到社會上，我們在很多場合遇到這種說大話的人，就會覺得我置身在中國嗎？我要去戳破那個大到快破掉的泡泡，還是默默轉身就好呢？

林正盛：在政治上，譁眾取寵是有聲量的，韓國瑜帶起的韓粉到處征戰，弄到韓國瑜變成立法院院長了。他的大起大落也算夠厲害的，現在當國會議長，主持會議和接見外賓什麼的，以前耍嘴皮那一套，他自己也知道不能再玩。基本上，我們還是有一個民主制度，在這個制度裡，不可以太裝瘋賣傻，韓國瑜也知道國會議長要中立，所以他會給大家中規中矩的樣子。

這就是一個民主的進程。三一八學運以來，民主就這樣子一路一直走，如果我們當時跟那些年輕人聊，現在再跟他們聊，他們的想法肯定不一樣，對政治的觀察結論一定不同。十年下來，大家都衝刺了，也撞牆了，受了傷，重新再站起來，有各種各樣的體悟，就會真切地理解民主是怎麼一回事。對政治超級潔癖的那種態度大概就會絕種了，因為知道人類社會不是那樣的。

談到青鳥行動的起因，很像回到二〇一四年的太陽花運動，人民對國會面發生的事並不認同，挺身反對。在國民黨跟民眾黨聯手之下，這一屆國會修改了法律，包括國會職權、財政劃分，還有憲法法庭參與評議和判決的規定。這些問題很複雜，國會改革，預算要重新分配，本來都是民主國家正常的課題，必須經由漫長的討論，大家尋求出共識後才付諸完成，但民眾黨、國民黨仗著多數席位，在委員會什麼討論都沒有就三讀通過，變成一種鬥爭。

我們可以感受到，民進黨執政八年之後，再一次掌握中央執政權，國民黨很失望，不知道如何是好，但贏得了國會的多數席位，就想要用國會職權反噬執政權、行政權，所以搞到現在這樣。

青鳥行動也就是公民沒辦法接受國民黨這樣的霸權，只好再次集會來反對，甚至演變到發起罷免立法委員的行動。這也是民主練習的一部分，我們終究要學習怎麼樣面對不合理的制度，去抵抗、去反對，然後創造更好的制度；國會的立法等種種一切，都必須去重新努力。

民主本來就是一條很漫長的路。想起來有一點悲傷，二〇一四年的太陽花運動，年輕人努力了，十年後還出現青鳥行動，但民主制度下，這是很正常的事。民主生活就是不斷不斷地面對新的局勢、新的挑戰，去做我們該有的努力，也就是練習去實現民主吧。

在國會裡，今天我們看到的……叫做怪物的這些人吧，其實大多都來自地方派系，我們必須去認識了解台灣的地方政治生態。地方派系製造了很多怪物，我們要解決這些怪物，就要回頭去解決、去了解解決地方生態的問題。早期國民黨威權統治，為了要穩定它的統治權，製造出派系；地方有了派系，中央政府就可以透過摸頭、安撫、分肉桶的方式，掌控政治的統治權。

實施民主政治之後，我們要去了解，甚至去改變政治生態，不要讓地方派系再掌握台灣的地方政治，製造出一個一個的怪物，然後掌控我们的國會，造成混亂，這是新的民主功课。年輕人很勇敢地面對挑戰，這就是青鳥行動的價值。

楊正欣：太陽花運動之後，開始有了第三勢力，很多政黨雨後春筍地冒出來，可是我們也看到它們的起起落落。也是因為這樣的起落，導致二〇二四年的選舉長出這樣的國會，執政黨的席位不過半數，在野黨聯合了所謂的第三勢力，把持了國會的制定法律的權力，迫使青鳥行動出現。其實很多都參與者是太陽花運動的年輕人，她／他們也重回了街頭。我看到很多所謂的名嘴在節目裡講，青鳥行動是民進黨策動的，其實很多參與者都是太陽花運動的這些年輕人，十年下來，她／他們受傷了、失望了，又回到街頭，更多的是新一代的年輕人跟著一起上街頭。

這樣的行動，一時看起來好像力量不大，很多法條很快速地被通過，被迫要去實施，可是這些年輕人，還有更新一代的年輕人，她／他們都會想到更多的公民行動，從比較法治面的途徑，用各種方式做更強力的抗爭。我觀察到的青鳥行動，抗爭形式的轉變也是一種進步；太陽花運動以後這十年的練習中，民主進步了一點，抗爭手法也是，大家在思想上也進步很多。

紀錄片作為公民社會的對話途徑

林正盛：我對這部影片的期待，是放在公民社會這個題目上。台灣慢慢一步一步走，太陽花學運十年之後，我們又走到一個不一樣的公民社會的階段。十年來，有那麼多的年輕人回到她／他的故鄉，她／他的土地，去從政或去做什麼事情，這是有意義的，公民社會就是這樣逐步地成形。這個過程一定會有很多困難，比如我們拍攝的阿賢，被招募加入時代力量，幫時代力量打下一個議員席次，然後又被時代力量踢出去。整個過程裡，她跌跌撞撞，我覺得就是要記錄這樣跌跌撞撞的過程。

廖郁賢的夥伴郭稟翰也一腔熱情地投入藍綠之外的一個新政黨，被提名出來選，覺得選不上還是勉力去做，直到最後一刻，局外人都知道沒機會，還是堅持到底。像今年（二〇二四）好幾個時代力量的不分區立委提名人，都希望至少可以保有百分之三的政黨票，即使時代力量的崩壞在國人眼前真切地發生，許多人還是懷抱理想，跟郭稟翰一樣，撐到最後，負責關燈。

廖郁賢、郭稟翰所努力的第三勢力困難重重，和台灣的獨特性有關。我們面臨一個很強大、充滿惡意的鄰居，那就是中國。講起反戰的時候，面對中國的威脅，使得我們常常淪入一個迷思：反戰。反戰是對的，沒有人喜歡戰爭。可是，鄰居一天到晚說，你要聽我的話，跟我在一起，不然我就要打你，直到你跟我在一起。這樣的情境下，反戰的意義已經消失了。任何一個被欺負的人或國家都要反抗，保護自己，讓自己不會被別人欺負，把這個行為說成戰爭就很荒謬了。人家要來我家搶錢，我把錢拿出來給他，拜託他不要打我，不要殺我，搶到我家什麼都沒有了，甚至我必須生活在對方的淫威之下，這是很荒謬的反戰。不管是國民黨、偏向統派的，或者長期以來不知道為何就相信這一套的那些人，邏輯是錯亂而且不清楚的。這一點是我很擔心的。

台灣發展成這樣兩極對立的狀況，從反戰的雙方來看是最清楚的。一方要當家作主，要獨立，要保護自己，另一方說不要挑釁人家，就讓人家欺負，讓人家管就好了，我們這樣才安全，不會被人家打。這樣兩極對立的主張存在於台灣，形成一個很特殊的情況。在一個正常的公民社會，不管多黨政治或兩黨政治，政黨應該是彼此的競爭對手。有時候可能針鋒相對，但更多時候，彼此要共謀國家的利益，所以對方既是競爭者，也是同謀者——

同謀國家利益，這樣彼此才會把國家的發展放在不同的意見前面。在目前的特殊處境之下，我們很清楚地看到，台灣的兩黨政治會發展成鬥爭，毫不掩飾地要把不同政黨殺死，沒有空間好好來討論國家的利益。這一屆立法院裡的鬥爭，其實就有著要殺死對方，割喉割到斷這個的想法。在這個情況下，公民社會的形成很困難，而且充滿畸形的事態，於是時代力量這樣曾經有可能的第三勢力，也在二〇二四年選舉後完全沒有了。我們相信，在時代力量內部，王婉諭她／他們一定知道問題在哪裡——可是，非常可能，她／他們無能為力。

第三勢力在台灣很難存在，其中的困難，來自我們在意識形態上極端對立，唯有一個可能，就是我們回到我們的生活裡。像我們拍攝在雲林的廖郁賢，在宜蘭的郭稟翰，在每個區域，每個當地人都願意回頭看待自己區域的需要、社會的需要，把它們整理出來，然後慢慢改變，這樣才會有所謂多元的區域文化，帶動每個地方不一樣之處。這個時候，我們就突顯出對地方政治的一種反思。

楊正欣：拍《民主，練習中》，我想講的、想溝通的對象，就是年輕人。我也曾經是個懷抱理想的年輕人，參加NGO，為人權發聲，長期當志工。我認為我們的社會應該要開放自由，讓年輕人去衝撞，去嘗試。我比較擔心的是更年輕的一代，很多人都是所謂的新二代，像我上高中的姪女，媽媽就是中國人——這樣的年輕人，她／他們的國家意識、土地認同到底是什麼？我覺得，有一點很重要：台灣要持續發展。只要我們的生活方式良好，我們的社會對人的價值、環境的價值、生命的價值的重視一直在優化，我們是多元開放自由的社會，我們就可以永續存在。一旦我們的社會出問題，經濟衰退，失業率高，年輕世代就一定要找出路，會回頭去另找出路。所以，我們有責任讓社會繼續保持繁榮，不只是經濟繁榮，文化也要有自信，要在民主、自由的價值上面前進。只要台灣繼續民主、自由、經濟繁榮，一直在往前走，我們就沒有什麼好怕的。

我最希望可以用這部影片與更年輕的，對太陽花學運只有些微印象的年輕世代、新二代的觀眾交流。台灣會有越來越多的新二代，有一天，我們會有新二代的國會議員，甚至市長或總統，她／他們就是台灣人。我會希望用《民主，練習中》這部紀錄片，與這樣的新世代年輕人交流溝通。

林正盛

導演、作家、作詞人。一九五九年出生於台東大裂谷鹿野，十六歲輟學，成為一名麵包學徒。二十六歲時，開始拍電影，至今累積八部劇情片和多部紀錄片，獲得許多獎項。二〇〇一年更以《愛你愛我》榮獲柏林電影節最佳導演獎。與人合著有《一閃一閃亮晶晶》，個人著有《未來，一直來一直來》（獲民國九十一年金鼎獎）、《魯賓遜漂流記》、《青春正盛》。

國家圖書館出版品預行編目(CIP)資料

民主,練習中:在現場的人,從太陽花到青鳥,在行動現場追尋民主/游惠貞,楊正欣訪談.整理.-- 初版.-- 新北市:黑體文化,左岸文化事業有限公司出版:遠足文化事業股份有限公司發行,2025.04
面; 公分.--(黑盒子;35)
ISBN 978-626-7512-85-2(平裝)

1.CST: 社會運動 2.CST: 臺灣政治 3.CST: 民主政治 4.CST: 訪談

541.45 114003612

黑體文化 讀者回函

黑盒子 35
民主,練習中:在現場的人,從太陽花到青鳥,在行動現場追尋民主

訪談・整理・游惠貞、楊正欣|特約編輯・胡德揚|美術設計・和設計|出版・黑體文化/左岸文化事業有限公司|總編輯・龍傑娣|發行・遠足文化事業股份有限公司|電話:02-2218-1417|傳真・02-2218-8057|客服專線・0800-221-029|客服信箱・service@bookrep.com.tw|官方網站・http://www.bookrep.com.tw|法律顧問・華洋法律事務所・蘇文生律師|印刷・中原造像股份有限公司|初版・2025年4月|定價・380元|ISBN・9786267512852・9786267512838(PDF)・9786267512845(EPUB)|書號・2WBB0035